UN AÑO PARA CAMBIAR EL CHIP

52 CLAVES PARA RETOMAR TUS SUEÑOS Y CONSOLIDARLOS

Napoleón Hill

TALLER DEL ÉXITO

UN AÑO PARA CAMBIAR EL CHIP

Copyright © 2021 - Taller del Éxito - Napoleón Hill

Original edition Copyright © 2012 by Napoleón Hill.
Conceive it! Believe it! Achieve it!. All Rights Reserved.
Traducción: © 2013 Spanish edition Copyright by Taller del Éxito Inc.
USA. All Rights Reserved.

Reservados todos los derechos. Ninguna parte de esta publicación puede ser reproducida, distribuida o transmitida, por ninguna forma o medio, incluyendo: fotocopiado, grabación o cualquier otro método electrónico o mecánico, sin la autorización previa por escrito del autor o editor, excepto en el caso de breves reseñas utilizadas en críticas literarias y ciertos usos no comerciales dispuestos por la Ley de Derechos de Autor.

Esta publicación ha sido diseñada para suministrar información fidedigna y exacta con respecto al tema a tratar. Se vende bajo el entendimiento de que el editor no participa en suministrar asistencia legal, contable o de cualquier otra índole. Si se requiere consejería legal u otro tipo de asistencia, deberán contratarse los servicios competentes de un profesional.

Publicado por:
Taller del Éxito, Inc.
1669 N.W. 144 Terrace, Suite 210
Sunrise, Florida 33323
Estados Unidos
www.tallerdelexito.com

Editorial dedicada a la difusión de libros y audiolibros de desarrollo y crecimiento personal, liderazgo y motivación.
Diseño de carátula y diagramación: María Alexandra Rodríguez

ISBN: 9781607387916

25 26 27 28 29 R I GIN 18 17 16 15 14

*Dedicado a todos los lectores y colaboradores
de la revista electrónica semanal:
Napoleon Hill Yesterday and Today*

CONTENIDO

PRÓLOGO 9
CLAVE 01 11
CLAVE 02 15
CLAVE 03 19
CLAVE 04 23
CLAVE 05 27
CLAVE 06 31
CLAVE 07 35
CLAVE 08 39
CLAVE 09 43
CLAVE 10 49
CLAVE 11 53
CLAVE 12 57
CLAVE 13 61
CLAVE 14 65
CLAVE 15 69
CLAVE 16 73
CLAVE 17 77
CLAVE 18 81
CLAVE 19 85
CLAVE 20 89
CLAVE 21 93
CLAVE 22 97
CLAVE 23 101

CLAVE 24	105
CLAVE 25	109
CLAVE 26	113
CLAVE 27	117
CLAVE 28	121
CLAVE 29	125
CLAVE 30	129
CLAVE 31	133
CLAVE 32	137
CLAVE 33	141
CLAVE 34	145
CLAVE 35	151
CLAVE 36	155
CLAVE 37	159
CLAVE 38	163
CLAVE 39	169
CLAVE 40	173
CLAVE 41	177
CLAVE 42	181
CLAVE 43	185
CLAVE 44	189
CLAVE 45	193
CLAVE 46	197
CLAVE 47	201
CLAVE 48	205
CLAVE 49	209
CLAVE 50	213
CLAVE 51	217
CLAVE 52	221

PRÓLOGO

Estimados lectores:

¡Es tan sencillo como el abecé, solo que a la inversa!

Napoleón Hill dijo: "La mente del hombre logra todo lo que concibe y cree". Esta sencilla afirmación nos recuerda que el poder del Universo está dentro de todos y cada uno de nosotros y cuando dirigimos la mente hacia el camino que queremos seguir, determinamos nuestro destino definitivo. Es cierto que las verdades sencillas contienen sabiduría profunda, pero el hecho de que lo sean, no significa que son fáciles.

Para acostumbrarnos al proceso de usar el Sistema de la Ciencia del Éxito del Dr. Hill, debemos condicionar nuestra mente para que esté dispuesta a aceptar lo posible en medio de lo imposible. Las letras "i" y "m" que preceden a la palabra "posible", hacen que muchos renuncien atemorizados y abandonen sus sueños, permitiendo que estas dos pequeñas letras determinen su futuro. Si tan solo nos olvidáramos de ese diminuto y amenazador prefijo "im", seguiríamos adelante con la confianza esencial que precede al logro. La sincera autosugestión de que "si ha de ser o no, depende de mí", es útil para disolver el temor cuando la palabra "imposible" surja de nuevo desafiándonos.

Para creer en algo antes de que sea toda una realidad, es necesario tener una fe decidida para superar lo imposible. La fe es necesaria para alcanzar cualquier logro, pero la fe aplicada es el siguiente paso trascendental necesario. Cuando pones en práctica lo que crees, estás dando un paso hacia tu futuro. Una persona con un propósito y un plan es invencible, si esta fórmula está bien apalancada.

Cada vez que nuestra fe se encuentra en excelente forma tenemos un desempeño máximo porque quitamos todas las dudas del resultado final óptimo que hemos visualizado durante la etapa de planeación. La fe es un elixir que funciona en la misma medida de nuestras expectativas. Cuando abrimos el recipiente de la fe y liberamos su elixir, no es fácil devolver la esencia a su envase, así que debemos esperar el mejor resultado al liberarla, y luego damos los pasos para hacer que ese sueño se realice conforme a nuestras expectativas. ¡Es tan fácil como un abecé, solo que a la inversa!

¡Concíbelo! ¡Créelo! ¡Alcánzalo!

Mi mayor deseo es que este pequeño libro de 52 ensayos te inspire cada semana a dar los pasos adecuados hacia el cumplimiento de tus sueños. Algunos vienen y van, pero los que se hacen realidad son aquellos en los que crees sin dudar ni un momento. Cuando confías en el poder que ellos poseen, te sientes impulsado a actuar de inmediato hasta llevarlos a cabo.

¡Que todos tus sueños se hagan realidad!
Sé siempre tu mejor tú,
Judy Williamson

CLAVE
01

"En la vida tomamos muchas decisiones que no coinciden con nuestro propósito, pero ellas no tienen poder de permanencia y las olvidamos muy pronto. Las que sí concuerdan con nuestras metas, las cuales están plasmadas en nuestros principales objetivos, sí se quedan, porque en realidad son importantes para cumplir cada sueño".

—Ray Stendall

Al considerar el tiempo lineal, este parece existir en tres partes: pasado, presente y futuro. El pasado puede definirse como retroceder mentalmente en el tiempo para considerar elecciones que hicimos y contribuyeron para encontrarnos en donde hoy estamos (retrospectiva). El futuro es la facultad de avanzar de manera imaginaria en el tiempo para considerar qué elecciones debemos hacer hoy, que determinen resultados futuros (previsión). El presente se entiende como el instante en el que existimos momento a momento, es el único "real" que tenemos, y es más útil cuando lo combinamos con introspectiva, esa cualidad que nos hace ver nuestro interior y nos sirve para sopesar qué lecciones considerar relevantes y útiles para ese momento.

Podemos observar un reloj, pasar la página en un calendario, llevar un diario de nuestras experiencias e ilustrar el progreso del tiempo de muchas formas físicas. Pero, espiritualmente, nuestra comprensión del tiempo es diferente, es más circular. En la mente tenemos la opción de ver la película de nuestra vida y la adelantamos hasta el final. Todas nuestras experiencias y conexiones siguen en nuestro interior y son tan reales que a veces se confunden y la verdadera secuencia del tiempo se vuelve borrosa. Es posible vernos en sueños siendo niños, con nuestros propios hijos como compañeros de juego. O recordamos algo del pasado lejano e introducimos en la escena personas de un pasado reciente. Sin embargo, todas estas posibilidades no son señal de demencia, sino que la mente intenta darles sentido a todas nuestras experiencias. A veces algunos científicos dicen que todo el tiempo existe en el ahora. Es decir, que no hay una diferencia real entre el pasado, el presente y el futuro. El tiempo simplemente es y así se explica cómo surgen los momentos y se mezclan como una escena y no como una secuencia de escenas en nuestros sueños.

Todo esto es interesante considerarlo, ¡pero en el mundo real el tiempo marcha y debemos mantener el ritmo de la banda marcial, ¡si queremos hacer parte del desfile! Por esta razón el Dr. Hill nos recuerda que debemos usar nuestro tiempo con eficiencia y sabiduría. El tiempo es la esencia de nuestro ser, y cuando no lo tenemos, dejamos de existir en este reino. Así que, si la vida es un tablero de damas, nuestro oponente, afirma el Dr. Hill, es el tiempo. Juega para tu mayor provecho reconociendo que el tiempo no espera a nadie. Según esto, entonces comprenderás que usarlo de la mejor manera resulta de gran importancia para tus logros. Entonces, sé sabio y úsalo para tu mejor provecho.

La oportunidad en el TIEMPO

Dr. Napoleón Hill

La próxima vez que te sorprendas desperdiciando un solo segundo de esta valiosa OPORTUNIDAD llamada TIEMPO, ten a mano la siguiente decisión, comprométete a memorizarla y comienza de inmediato a ponerla en práctica.

Mi compromiso con el Dr. Tiempo:

1. El tiempo es mi mejor activo y debo relacionarme con él sobre un sistema de presupuesto que dispone que todos los segundos que no son dedicados a dormir, deben ser invertidos en superarme desde el punto de vista personal.

2. De aquí en adelante, con pesar, consideraré la pérdida de cualquier porción de mi tiempo como un pecado que debo redimir haciendo mejor uso de una porción de tiempo equivalente a la que perdí.

3. Reconozco que cosecho lo que siembro, así que solo sembraré las semillas de servicio que beneficien a otros y a mí mismo, y por esto me encamino por el rumbo de la gran Ley de la Compensación.

4. En el futuro usaré mi tiempo de tal manera que cada día me dé una medida de paz mental, y en la ausencia de la misma, reconoceré que necesito examinar la semilla que he estado sembrando.

5. Sabiendo que mis hábitos de pensamiento se convierten en patrones que atraen todas las circunstancias que afectan mi vida a lo largo del tiempo, mantendré mi mente tan ocupada y conectada con las circunstancias que deseo, de modo que no me quedará oportunidad para ocuparme en temores y frustraciones, ni en aquello que no deseo.

6. Reconociendo que, en el mejor de los casos, el tiempo que me ha sido asignado en esta Tierra es indefinido y limitado, me comprometo en todas las formas posibles a usarlo de tal modo que quienes estén más cerca de mí se beneficien con mi influencia y se sientan inspirados por mi ejemplo a hacer el mejor uso posible de su tiempo.

7. Por último, cuando mi reserva de tiempo se haya agotado, espero dejar tras de mí un monumento a mi nombre, no uno en piedra, sino en los corazones de mi prójimo, cuya marca testifique que el mundo mejoró un poco debido a mi paso por él.

8. Cada día repetiré este compromiso durante lo que me queda de tiempo, y lo respaldaré creyendo que mejorará mi carácter e inspirará a quienes logre influir, para así mismo mejorar sus vidas.

You Can Work Your Own Miracles. Fawcett Columbine, 1971, pp.118-119.

CLAVE 02

"Una de las mejores estrategias que he aprendido para enfrentar el dolor mental y físico es pensar de manera global. Con esto me refiero a pensar en los seis billones de habitantes en este mundo, y en los diferentes retos con los que cada uno vive. Muchos han pasado por lo que tú estás viviendo y lo han superado, han sobrevivido. Eso quiere decir que tú también vas a lograrlo".

—*Tom Cunningham*

Quizás a veces te preguntes cómo es que las personas soportan lo que enfrentan en la vida. El ver el sufrimiento de otros te hace pensar cuán afortunado eres. Muchos están "sufriendo" emocional, mental, social, espiritual y/o físicamente, y logran no evidenciarlo. Al reflexionar en esta verdad, el dicho que dice: "Por la gracia de Dios, prosigo", es una buena forma de darle perspectiva al asunto. A veces me siento lleno de preocupaciones y problemas que enfrento, y otras veces no estoy tan ocupado ni preocupado. Cuando tengo un momento para pensar detenidamente en lo que otro ser humano estará enfrentando, encuentro que soy más compasivo al comprender el camino que cada quien ha recorrido en la vida. Caminar una milla en los zapatos de otro ser humano sí te permite ser más atento y comprensivo.

Una de mis metas este año es no sacar conclusiones apresuradas ni juzgar a nadie antes de tiempo. Si no deseo hablar con alguien, o no estoy escuchando con atención los problemas de mi interlocutor, trato de recordarme a mí mismo que en el futuro quizás yo esté en circunstancias similares. Entonces, ¿cómo me sentiría si nadie me escuchara o ni siquiera intentara comprender lo que le estuviera diciendo? En el mejor de los casos, me sentiría rechazado y marginado. En el peor, menospreciado o indigno de su atención, en pocas palabras, me sentiría deshumanizado.

Es importante tratar con respeto a todos. Si modelamos ese comportamiento, volverá a nosotros y nos será útil. Cuando das respeto, recibes respeto. Infinidad de personas con muchas capacidades piden que se les dé atención especial porque sienten que se han "ganado" esos privilegios, pero en verdad no los han ganado, solo piden más porque las circunstancias así lo permiten. Otros, que de verdad tienen necesidad, avanzan como soldados y nunca piden ayuda, y "exigencia" no es una palabra activa en su vocabulario.

Admiro a quienes nos confrontan y logran hacer que le demos un segundo vistazo a la situación, cuando por ejemplo:

1. No piden una excepción a las normas.
2. No buscan lástima.
3. Se concentran en los demás en lugar de hacerlo en sí mismos.
4. Dan antes de recibir.
5. Se abstienen de quejarse.
6. Persisten así no sientan que están al 100% de su capacidad.

7. Rara vez hablan de sí mismos, sino que más bien te preguntan cómo estás.
8. Además indagan sobre aquellas personas que son importantes para ti.
9. Son ejemplo de comportamiento positivo.
10. Y reconocen un poder superior.

Así que, dadas las características de quienes viven lo que predican, ¿no será hora de preguntarte si estás siguiendo el programa libre de dolor? ¡Toma la prescripción de diez pasos y considera los resultados en una semana!

El beneficio del dolor
Dr. Napoleón Hill

La mejor mujer que jamás haya conocido, mi madrastra, pasó gran parte de sus últimos años de vida sufriendo un dolor casi insoportable debido a la artritis; sin embargo dio inicio a una empresa que ya ha beneficiado a muchos millones de personas y está destinada a beneficiar a muchos millones más, y algunas no han nacido todavía. Ella fue la responsable de mi educación temprana, la cual con el tiempo condujo a que Andrew Carnegie me comisionara a darle al mundo su primera filosofía práctica de superación personal.

Si mi madrastra no hubiera estado confinada a una silla de ruedas, nadie habría sospechado que sufría de dolores constantes. Su voz siempre era agradable y conversaba con una tendencia de pensamiento positiva. Nunca se quejaba y siempre tenía palabras de ánimo para todos los que vivíamos en su entorno. Estoy seguro de que cualquiera que la hubiera conocido y comprendido en qué grado logró dominar su dolor físico, se habría avergonzado por completo de haber expresado temor de cualquier visita al dentista, o de una cirugía. La actitud mental de mi madrastra ante el dolor físico fue uno de los elementos principales que hicieron de ella una gran persona, amada por todos los que la conocieron, y envidiada por otros debido a su gran autodisciplina.

Por esto, una vez más vemos que la actitud mental ante el dolor físico es el factor determinante que hace del dolor un maestro, o que lo transmuta en una forma de servicio/benéfico. En lugar de pensar en su propio dolor y quejarse por eso, mi madrastra se concentraba en ayudar a otros, en especial a miembros de nuestra familia, y de esta manera minimizaba los efectos de su sufrimiento. Esa es la mejor prueba de una sugestión benéfica para todos los que permiten que su mente se concentre en sus propios problemas.

You Can Work Your Own Miracles. Fawcett Columbine, 1971, pp. 58-59.

CLAVE 03

"Las decisiones al comienzo del año son también un tiempo para reflexionar, y a menudo nos hacen recordar otras decisiones que tomamos en años pasados. No puedes evitarlo: las respuestas más duras, y las más importantes en tu vida, son las que te has dado tú mismo acerca de cómo o por qué lo hiciste".

—*Jeffrey Gitomer*

Todos los días suceden milagros, pero pasarán inadvertidos si no estamos sintonizados en su frecuencia. Cuando los buscamos, nuestra consciencia aumenta y ellos surgen justo frente a nuestra vista, casi cuando los ordenamos porque hemos relacionado nuestros deseos con un resultado intencional.

Cuando vas a actualizar la prescripción de tus anteojos, como yo lo hago cada año, mientras miras por los lentes de la máquina, el doctor pregunta: "¿Está mejor ahora, o estaba mejor antes?". El sonido de los lentes pasando hacia adelante y hacia atrás nos hace pensar en cómo estamos en constante cambio en el sentido visual, así como en todos los demás aspectos. Cuando cambiamos nuestros lentes, nuestra visión también cambia.

Es posible ver la vida a través de un lente de color rosa o de uno tan oscuro como lo dice el poeta, pero nosotros mismos somos quienes decidimos qué lente usar. Para muchos, la visión 20/20 es una visión que se logra únicamente usando lentes de prescripción. El doctor nos ayuda a alcanzar esta meta por medio de su entrenamiento y la capacidad de corregir o mejorar nuestra visión. Así mismo, nuestra visión, ya sea en retrospectiva, introspectiva o previsiva, es un mecanismo visionario que se da a nivel mental y espiritual en nuestro interior, y también puede tener la ayuda de la prescripción de otra persona. Los libros que leemos y quienes conocemos que citan a Charlie T. Jones, son ingredientes importantes para una vida mejor. Si quieres avanzar hacia tu destino, debes esforzarte por lograr esa meta. Como Jeffrey Gitomer, un estudiante de Charlie T. Jones nos lo recuerda: "Debemos esforzarnos por alcanzar nuestra meta y no solo esperar a que el Universo nos la entregue como un obsequio envuelto y justo en la puerta de nuestra casa. Debemos desear que suceda y luego trabajar con consistencia para hacerlo realidad".

Los milagros requieren mucho esfuerzo, pero se dan. Necesitan más que solo deseo, requieren esfuerzo físico, dedicación, persistencia, iniciativa personal y preparación antes que un tumulto de ideas afines nos concedan la gracia de tener la oportunidad de ver nuestro nicho abierto, y de alinearse con un milagro en el proceso. Nuestro verdadero yo, o lo que Napoleón Hill llama "nuestro yo superior", es la clave para reconocer esta oportunidad. Recuerda establecer una meta, llegar más y más alto, y luego atrapar ese milagro que viaja hacia tu mejor yo. Muy similar a un salmón nadando contra la corriente, alcanzarás tu meta, pero no será sin esfuerzo.

Pensamiento

Dr. Napoleón Hill

Haríamos énfasis en que todo pensamiento, ya sea negativo o positivo, firme o no, tiende a vestirse a sí mismo en su equivalente físico, y lo hace inspirando a la persona con ideas, planes y propósitos para lograr los fines deseados, a través de medios lógicos. Después que el pensamiento sobre cualquier tema se vuelve un hábito mediante la repetición, el subconsciente se hace cargo del mismo y de manera automática lo vuelve real.

Quizá no sea cierto que los "pensamientos son objetos", pero sí es cierto que los pensamientos crean objetos, así que las cosas creadas son sorprendentemente similares a la naturaleza de los pensamientos a partir de los cuales han sido formadas.

Muchas personas que están en capacidad de juzgar con precisión, creen que cada pensamiento que liberamos da origen a una vibración infinita con la que la persona que lo libera tendrá que contender después. Ellas proponen que el hombre mismo no es más que el reflejo físico del pensamiento puesto en movimiento por la "inteligencia infinita". También muchos creen que la energía con la que las personas piensan es apenas una porción proyectada de inteligencia infinita que el individuo toma de la fuente universal por medio del equipo del cerebro.

You Can Work Your Own Miracles. Fawcett Columbine, 1971, p. 133.

CLAVE 04

"Con los años, he encontrado que siempre logro hacer más de lo que creo que puedo hacer, si tan solo me doy a la tarea de hacerlo. Lo que produce fortaleza es el poner 'manos a la obra', ejercitando el músculo de la autodisciplina. O, en las palabras de Jim Whittaker, el primer estadounidense en alcanzar la cima del Everest: 'Nunca conquistarás una montaña, solo te conquistarás a ti mismo'".

—Karen Larsen

A diario nos negamos lecciones que podríamos aprender, si aplicáramos la técnica estándar de dedicarnos a hacer nuestro trabajo. Los logros sin esfuerzo son pocos y muy distanciados, de hecho, no existen. Pregúntate cuándo has tenido la sensación de orgullo, logro y satisfacción de un trabajo bien hecho. La única respuesta verdadera es: cuando tú mismo has hecho la tarea. El mirar cómo alguien lo hace, o contratar a otra persona para hacerlo, no tiene el mismo mérito o satisfacción que hacer tú mismo el trabajo.

¿Recuerdas cuando aprendiste a montar en bicicleta? Primero te cargaban, luego te llevaban en un coche y después la manejaste por tu cuenta y ya estabas listo para el precario recorrido que ya habías visto en otros de tus contemporáneos al lograrlo. Al no usar las ruedas de entrenamiento, el verdadero sentido de logro llegó cuando navegaste por la acera sin la mano protectora de tu padre ¡e ibas por tu propio camino! La libertad era emocionante y el orgullo por tu logro era evidente. Eso es lo que se siente cuando conquistamos un hito importante.

El verano pasado, mi amiga, la Dra. Judy Arcy, y yo, ascendimos la Colina de las Apariciones y la Montaña de la Cruz en Croacia. Con solo un bastón, zapatos deportivos, y nuestra determinación, logramos llegar a la cima de ambas montañas hacia el final de una tarde de varios días de ascenso consecutivos. Después de hacerlo, ¡los dos estábamos muy emocionados porque lo habíamos logrado! Y la alegría del logro todavía nos hace sentir orgullosos. ¡Espero que en el futuro volvamos a hacerlo de nuevo! Sencillamente, fue asombroso.

La vida ofrece retos listos para enfrentarlos. En lugar de dar un paso atrás y "rechazar" la oportunidad, sé persistente y da un paso. Aunque sea lento, sin duda hay un mejor pronóstico que nunca. Piensa que puedes, y así será, un paso firme a la vez.

Los beneficios de la autodisciplina

Dr. Napoleón Hill

Antes de que comiences el estudio de los principios de la autodisciplina, presentaremos algunos de los beneficios que acumularás, si los dominas y pones en práctica las ideas expuestas en esta lección:

- Tu imaginación trabajará más alerta.
- Tu entusiasmo será más agudo.

- Desarrollarás más iniciativa.
- Tu autoconfianza aumentará.
- Verás el mundo con ojos diferentes.
- El alcance de tu visión se ampliará.
- Tus problemas se desvanecerán.
- Tu personalidad se volverá más atractiva y encontrarás que, quienes antes te han ignorado o menospreciado, te buscarán.
- Tu esperanza y ambiciones serán más elevadas y fuertes.
- Tu fe será más poderosa.

Ningún otro requerimiento de éxito individual es tan importante como la autodisciplina.

La autodisciplina o el autocontrol significan hacerte cargo de tu propia mente. Esto lo hemos mencionado en repetidas ocasiones a lo largo del curso. Ahora estás en el punto donde tienes la capacidad para unir los otros principios que has estudiado y reconocer la relación que hay entre ellos. Todos los principios de esta filosofía tienen el único objetivo de permitirte desarrollar control sobre ti mismo. La esencia de la autodisciplina es uno de los aspectos esenciales más importantes para el éxito. Sin duda, si no sabes controlarte a ti mismo, tienes poca esperanza de dominar algo o de dirigir a otra persona.

PMA Science of Success Course, Educational Edition. Napoleon Hill Foundation, 1961, p. 267.

CLAVE 05

"Dar más de lo necesario aumentará tu valor, y la gente lo notará. Si no lo notan, tú lo harás, y vas a necesitar más de la vida que lo que ahora estás recibiendo. Es un ciclo virtuoso que solo comienza con tu acción".

—*Ken Kadow*

Como maestro de profesión, siempre estoy consciente de los posibles resultados que tiene una lección entre los estudiantes. Cuando un maestro enseña con una finalidad en mente, se concentra en el resultado esperado para la clase. Al enseñar con ese fin, en cierto sentido, el maestro es como un alquimista que tiene la capacidad de transformar metales comunes en oro. Dentro de los estudiantes ya existe un potencial de oro, sin embargo, no ha sido refinado ni extraído. Un buen profesor creará oportunidades para que el estudiante se perfeccione a sí mismo y transforme algo ordinario en algo extraordinario.

Mis maestros en muchas ocasiones me desafiaron a estar a la altura de mi potencial. En cada caso, estos excelentes maestros me dijeron que sabían que yo tenía toda la capacidad para desempeñarme mejor de lo que lo estaba haciendo. Mi trabajo no siempre era lo mejor, algo mediocre en mí buscaba cumplir apenas con la asignación. Cuando estos maestros lo notaban, me hacían un favor porque me alertaban sobre mi potencial de "ser superior" o mayor. Si hacía el esfuerzo realizando más de lo exigido para obtener la calificación como para aprobar, me convertiría en alguien mejor de lo que era. Ante la advertencia, yo sabía que ya no debía conformarme con algo menos que lo mejor. Yo no los estaba engañando a ellos sino a mí. Yo necesitaba alcanzar el nivel de mi capacidad, y cuando lo hacía, tenía un sentimiento de orgullo que igualaba o superaba el esfuerzo adicional.

Estos "regaños" por parte de maestros que se interesaban en mí me permitieron llegar a ser quien ahora soy. Un profesor, que tiempo después me contrató en su departamento, me dijo en términos muy claros que "reevaluara mi compromiso con su clase", y otro me preguntó ¡qué clase de estudiante creía que era para llegar a clase sin papel ni lápiz para tomar notas! En ese tiempo yo pensaba, ¿cómo se atreven? Pero sin sus exhortaciones, apenas habría sobrevivido y no habría prosperado en el campo que eligiera. Como alguien vio en mí lo que yo sabía que era una semilla de potencial sin explotar, comencé a vivir según sus elevadas expectativas como si estas fueran mi realidad o mi verdadero yo. A su tiempo, llegué a ser el estudiante que ellos querían que yo fuera.

¡Vaya! ¡Los maestros pueden sacudir una varita mágica, y de hecho lo hacen! A los estudiantes que sean susceptibles al hechizo les irá bien a medida que se proyecten ellos mismos hacia su mejor futuro. El creer obra milagros. Ten una expectativa de mejor desempeño por parte de alguien y observa cómo se da la transformación. Al saber que puedes triunfar, lo harás. ¡Es cuestión de que alguien impulse ese proceso de confianza! Comienza hoy intentándolo con esa persona en quien crees.

Iniciativa personal

Dr. Napoleón Hill

Iniciativa personal significa hacer lo que hay que hacer sin que nos lo digan. Este es el principio de proactividad. Pon a rodar la bola. Actúa. Haz que las cosas sucedan, no esperes que sucedan solas, crea una fogata de iniciativa personal en torno a ellas y haz que pasen.

Hay quienes recorren la vida prestando servicios adicionales a los demás y aun así no tienen éxito. Han sido honestos dándoles a quienes les rodean una oportunidad para explotarlos, convirtiéndose en caballos que halan a perezosos que se aprovecharon de su buen corazón y se impusieron sobre ellos. Pero la honestidad no debe ser causa de abuso, una persona debe usar su sabiduría y tener cuidado de decir toda su verdad a todos porque hay gente en todas partes que puede, y de hecho, se aprovechará de aquellos individuos tan ingenuos que piensan que es sabio revelar todo lo que saben acerca de todo, y al hacerlo, se hacen vulnerables a ataques en sus puntos débiles.

¿Y qué del hábito de permitir que las personas se impongan sobre ti, poniéndote en el papel de caballo de carga? Debes velar por que la Ley de la Compensación y la Ley de los Rendimientos Crecientes funcionen incluso para ti. Una cosa es echar tu pan sobre las aguas y esperar a que vuelva, pero a veces vuelve mohoso, empapado y poco apetecible. El secreto para este principio estratégico de ir la milla extra es que lo hagas de manera intencional y con un propósito, o con un objetivo definido, contando con una recompensa justa, algún día, en algún momento. Es como echar tu pan sobre las aguas y prestar atención hacia dónde se dirige. A veces es necesario revisarlo y ver que empieza a retornar a ti, quizá con algo de mantequilla o mermelada.

PMA Science of Success Course, Educational Edition. Napoleon Hill Foundation, 1961, pp. 154-155.

CLAVE 06

"Muchos estudios han hallado que las quejas afectan la salud de las personas, su felicidad, sus relaciones y su profesión. Se diría que al comprender esta verdad dejaríamos de quejarnos por nuestro propio bien. Sin embargo, la mayoría de personas no es consciente de cuánto se queja".

—Will Bowen

Hay días en los que nos levantamos, leemos las noticias y concluimos que lo que sea que hagamos no hará una diferencia a nivel global. Y esta actitud negativa aumenta a medida que consideramos la capacidad con que cuenta la humanidad para actuar con respecto a los problemas sobre los que no tenemos control directo a nivel individual. Ya sea política, ecología, el hambre en el mundo, educación o eventos catastróficos, el promedio de las personas no se sienten parte del proceso de solución. Quizá no son parte del problema, pero lo que en realidad desmoraliza e impide que alguien actúe, es que no se sienta parte de una solución viable. ¿Qué debe hacer una persona cuando se siente excluida, además de encerrada?

Si decidimos seguir siendo optimistas, siempre es bueno comenzar por revisar qué funciona, comparado con lo que no. Al concentrarnos mentalmente en el potencial positivo y luego actuar de inmediato por el cambio que visualizamos, podemos dar inicio al proceso de mejoramiento. Un pequeño paso a la vez suele parecer ridículo, ¡pero fue un paso a la vez lo que nos llevó a aprender a caminar! Si funcionó para nosotros, funcionará para alguien más. Es un hecho comprobado que una sola persona, un pequeño grupo comprometido, un salón lleno de devotos a una causa, pueden y logran resultados de impacto en todo el mundo. Al asumir una postura sólida y positiva, y al hacerse cargo de un problema, una sola persona o un solo grupo tienen la capacidad para comenzar a influir y en poco tiempo cambiar el resultado de negativo a positivo.

Tengo varios gatos himalayas, y cuando su pelaje muda en el invierno son propensos a infecciones. Al peinarlos, especialmente los gatos más viejos cuya piel es más delgada, esto puede ser un verdadero problema. Si intentara desenredarles el pelo en una sola sesión de peinado, ellos no estarían muy contentos. Pero puedo deshacer un par de nudos en un momento y dejar que el gato se sienta cómodo durante el proceso. En lugar de hacerles un corte de pelo tipo *poodle*, ellos conservan su dignidad y hermoso pelaje al dejarme solucionar un solo problema a la vez. Lo mismo sucede con la vida.

No es posible hacer todo bien de una vez, pero sí es posible hacer una sola cosa a la vez y marcar una gran diferencia, Al concentrarnos en lo único que es importante para nosotros, comenzamos a cambiar el mundo. No importa si estamos salvando gatos, estrellas de mar o al mundo, cada esfuerzo tiene que comenzar con ese primer y único paso comprometido. Hazlo ahora por ti mismo y por el resto del mundo. Puedes y marcas una gran diferencia.

Controla tu destino al controlar tu actitud mental

Dr. Napoleón Hill

Quien controla su actitud mental, controla su destino. Cree en el poder de la palabra hablada y cuídate de no decir ninguna palabra que no armonice en todo sentido con tu actitud mental positiva. Un texto escrito por el Dr. S. L. Katzoff te ayudará a reconocer la importancia de la palabra hablada.

La palabra hablada

- El mayor revoltoso es la lengua humana.
- Lo que decimos no es lo que cuenta, sino cómo y cuándo lo hacemos.
- El tacto nunca destronará al ego. Mide tus palabras con las varas de la cortesía, la sensibilidad y la gratitud.
- El interés conversacional se basa en hacer que tu interlocutor se sienta importante, y en reemplazar las palabras con acciones.
- Cada vez que hablemos menos, menos tendremos que recordar. La naturaleza sabía qué estaba haciendo cuando nos dio dos oídos y apenas una boca. Una lengua desenfrenada, incluso una palabra que se dice sin pensar, termina por destruir la felicidad de toda una vida.
- Para evitar el riesgo de culpar a otros, y las disputas, fomenta las críticas, da elogios merecidos, admite la culpa con prontitud, y no dudes en decir "lo siento".
- Resuelve las pugnas lo más pronto posible. Cada segundo de retraso añade carbones al fuego de la disensión.

Por último, un cuadro de referencia sobre conversaciones exitosas:

- Adopta una metodología cara a cara.
- No interrumpas.
- Sé responsable.
- Modula tu tono de voz.
- Evite hacer menciones poco favorables del pasado.
- Aconseja nada más cuando así te lo pidan.
- Evita comparaciones negativas.
- Celebra lo que te gusta e ignora lo que no.
- Nunca discutas sobre detalles sin importancia, puesto que si ganas, no habrás ganado ninguna ventaja.
- Cuida tus palabras y tus palabras te cuidarán a ti.

PMA Science of Success Course, Educational Edition. Napoleon Hill Foundation, 1961, pp. 231-232.

CLAVE 07

"Quizá comiences a sentir ira, resentimiento, desdén, confusión o vergüenza, al ser confrontado por alguien que no está de acuerdo contigo o que presente información que contradiga tus creencias. Si experimentas alguna de estas emociones, es muy probable que estés bloqueando hechos u opiniones que, al examinarlos con cuidado, podrían ayudarte a evitar terribles decisiones".

—Eliezer Alperstein

Pensar con precisión es una habilidad que se adquiere. No se nace con ella. Para pensar con precisión, es necesario hacer un esfuerzo firme de autodisciplina y dominio propio a fin de cultivar la cualidad de la objetividad. Es mucho más fácil decirlo que hacerlo. El hogar, la cultura, el vecindario, la religión, el Estado, la nación, el continente, el sistema político, limitan la objetividad y la capacidad de pensar con precisión. Es como mirar por un vidrio oscuro. A veces en realidad ¡no vemos el bosque debido a los árboles! Los árboles son los sesgos aprendidos, ya sean buenos o malos, y el bosque es el área neutral que está más allá de esas diferencias aprendidas, sin embargo todo esto no siempre es fácil de discernir.

Considera tus convicciones. ¿De dónde vinieron? Por lo general las adoptamos de nuestros padres, modelos de vida, maestros y... de otras personas que nos rodean. Ellos nos dan ciertos lentes según los cuales vemos el mundo. Por medio de estos lentes, las cosas parecen enfocadas o distorsionadas, pero la realidad es que lo que estamos viendo no cambia, nosotros somos los que cambiamos. Por ejemplo, el mundo es un semillero de problemas actuales concentrados en elementos que las personas juzgan como correctos o incorrectos, buenos o malos. Solo por hacer un ejercicio mental, piensa en algo que no creas porque va en contra de tu sistema de creencias. Ahora, toma ese pensamiento y crea un argumento a su favor. Oblígate a ver el lado opuesto y adopta el papel de apoyador, sabiendo que antes estabas en el otro lado de la cerca. Aquí estás intentando crear disonancia cognitiva. Quizá por medio de ella logres ajustar un poco tu perspectiva e incluso llegues a nivelar tu sistema de creencias. De igual modo, intenta hacer el mismo ejercicio respecto a algo de lo que estás seguro que es el enfoque correcto en cuanto a un tema. Juega al abogado del diablo para probar un lado opuesto.

Cuando tus opiniones son sacudidas, tu vida comienza a cambiar. La vida cambia a medida que crecemos más allá de nuestro sistema de creencias. Pensar con precisión nos ayuda en el proceso. Decide considerar otro punto de vista y tu cosmovisión se expandirá aunque al final estés o no de acuerdo.

Universidad de la Experiencia

Dr. Napoleón Hill

(Al recordar una discusión, Napoleón Hill relata a continuación lo que dijo Andrew Carnegie).

"Ninguna escuela iguala a la buena y antigua 'Universidad de la Experiencia'. Es la única escuela donde el 'plagio' no es posible. Uno se gradúa por méritos, o no se gradúa, y el maestro es el mismo estudiante. Las destrezas se adquieren con cada llamado mediante la coordinación de facultades mentales y el cuerpo físico. Esta coordinación se logra por medio de hábitos controlados. Pero mientras un individuo no sea consciente de sus acciones, nunca llegará a ser un pensador organizado. Puede pensar desde la mañana hasta la noche, pero si no adquiere el hábito de poner a prueba sus teorías por medio de acciones, nunca construirá un puente, ni administrará con éxito una industria. Es en este punto donde muchos se engañan a sí mismos creyendo que son pensadores organizados. He escuchado a muchos decir: 'He estado pensando en hacer esto o aquello, pero hasta ahora no he encontrado cómo hacerlo'. La mayor debilidad de estas personas es que han dejado a un lado un elemento importante, la acción física expresada por medio de un propósito definido.

Si alguien desea hacer algo, debería comenzar justo donde se encuentra. Muchos dirán: '¿Qué herramientas debo utilizar? ¿Dónde obtendré el capital de trabajo necesario? ¿Quién me ayudará?'. Sin embargo, quienes alcanzan algo digno de reconocimiento, por lo general comienzan antes de tener a la mano todo lo que necesitan. Nunca he estado completamente listo para algo que haya emprendido, y dudo que alguien más lo haya estado.

Hay que tomar decisiones, elegir objetivos, y crear planes para el logro de esos objetivos. La persona que duda en tomar una decisión, no llegará a ninguna parte cuando tenga a su disposición todos los elementos necesarios. Se verá superada por pensadores rápidos que expresaron a tiempo sus sentimientos en términos de acción".

PMA Science of Success Course, Educational Edition. Napoleon Hill Foundation, 1961, p. 313.

CLAVE
08

"Con el paso de los años he llegado a comprender que en determinado lapso de tiempo en mi vida suceden muchas más cosas de las que conozco o experimento.

He llegado a creer que todo está ordenado para mi bien. He reflexionado sobre cuál es la mejor manera de mantenerme consciente de este especial cuidado y compartir algunas de las prácticas que se me han convertido en los hábitos que me sostienen".

—Therese Sullivan

Quedo abrumado cuando pienso en el propósito y el plan que el Creador tiene en cada vida. Al recordar, por lo general es más fácil ver cómo fuimos conducidos amablemente hasta donde nos encontramos hoy, pero es mucho más difícil mirar hacia el futuro y comprender el papel absoluto que "la inteligencia infinita" tiene en nuestra vida. Las pérdidas llegan, hay sueños que siguen sin realizarse, las personas pasan, y nos preguntamos cuál es la razón detrás de la vida misma. Parece un tanto extraño que al final todo por lo que trabajamos durante nuestros años en la tierra, sigue quedando atrás a medida que avanzamos. Así que la pregunta obvia es: "¿Entonces de qué se trata esta vida?".

Como autor de libros, lecciones, columnas y otros materiales de superación personal, es fácil caer en la trampa de defender cierto tipo de acciones frente a otras. ¡Haz esto, no hagas aquello! ¡Hazlo ahora! ¡Actualízate! Los mandamientos para el éxito siguen y siguen, y crees que todo lo que se necesita es aplicarlos al pie de la letra, ¿verdad? No, en realidad no. Todos reconocemos que fue una fuerza creativa más grande de lo que podemos imaginar, la que nos puso acá. Esta fuerza creó todo el Universo y a nosotros también, así nuestro ego sea demasiado grande como para admitirlo. Por lo tanto, parece razonable asumir que esta fuerza puede darnos un tipo de dirección y orientación adecuadas para nuestra vida, incluso cuando no la reconozcamos ni la solicitemos.

Las ideas de casualidad, sincronía, mente universal inconsciente o subconsciente, arquetipos e inconsciente colectivo, son temas que procuran llegar a la esencia de lo que en realidad es el hombre. Pero, como todos sabemos, el jurado sigue debatiendo. No hay una respuesta definitiva para todos a la antigua pregunta: "¿Qué es la vida?".

Cuando estoy confundido o inquieto, y me pregunto qué debo hacer, suelo recordar la cita: "Estad quietos y conoced que yo soy Dios". Esta verdad logra que me concentre en el cuadro completo y me hace recordar que en el gran esquema, realmente hay alguien allá afuera que me está protegiendo. Todos podemos descansar confiando en que el Creador sí se ocupa de los pequeños detalles de la vida de cada persona.

Fuerza cósmica del hábito

Dr. Napoleón Hill

David, el inspirado salmista, cantó: "Los cielos muestran la gloria de Dios, y el firmamento anuncia la obra de Sus manos". (Salmo 19, v.1). Y sin duda los cielos son uno de los testimonios más obvios de la presencia y poder de esta fuerza cósmica del hábito.

Las estrellas y planetas funcionan con una precisión milimétrica. Nunca chocan, nunca se salen de su curso determinado, sino que rotan sin fin, como si fueran el resultado de un plan preconcebido. Detrás de ese plan hay una inteligencia infinita. Si alguien duda de Su existencia, solo debe estudiar las estrellas, los planetas, y la precisión con la que se relacionan entre ellos, para así convencerse de Su existencia.

Otra maravilla extraordinaria de la creación es la mente humana, la cual puede proyectarse ella misma hacia los cielos y predecir hoy sucesos astronómicos que sucederán dentro de muchos años.

Debe haber un orden detrás de todo esto. La naturaleza y el Universo son organizados. Este orden, o confiabilidad de la naturaleza, simplifican la vida. No es necesario comprender todas las leyes y el orden del Universo para hacerlos efectivos en nuestra vida porque funcionan sin importar si los comprendemos, conocemos, o no.

PMA Science of Success Course, Educational Edition. Napoleon Hill Foundation, 1961, pp. 489-490.

CLAVE 09

"La próxima vez que tengas la oportunidad de leer un libro, recuerda que los buenos libros estimulan la imaginación. Cuando tu imaginación despierta, haces lo que sugirió Napoleón Hill cuando dijo: 'La mente del hombre logra todo lo que concibe y cree'".

—Don Green

¿Alguna vez has considerado la importancia de la lectura? Los tres siguientes lemas, tienden a inspirar al lector que hay en cada uno de nosotros:

- Hoy, un lector. Mañana, un líder.
- Lee, lidera, triunfa.
- Amplía tu mente. Lee un libro.

No imagino pasarme un día sin leer. Es tan natural para mí. Leo para aprender, para entretenerme, para "viajar" desde mi sillón, para cruzar información, para aprender a "hacer mil y una cosas", para entrar en la mente de otra persona y para mejorar mi propia vida. Nada más en este mundo promete todos esos resultados por el precio de un libro impreso o electrónico.

Cuando leo un buen libro que ha mejorado mi manera de pensar, se lo recomiendo a otras personas con la esperanza de que disfruten de lo mismo y adquieran ese conocimiento. Los libros varían en alcance y propósito. Pueden ser "inmortales", si superan el paso del tiempo y trascienden a la palabra impresa. Nada más nos trae palabras de siglos pasados y nos alinea con las grandes mentes de épocas pretéritas. Para los escritores, los pensamientos e impresiones llevan las palabras a un futuro que no podremos presenciar. Leer es como una cápsula del tiempo, o un cohete. Solo tienes que decidirlo por tu cuenta. Los extremos opuestos del espectro sirven para darnos un cimiento firme así como la capacidad de soñar. ¡Leer buenos libros nos da raíces y alas!

¿Qué has leído recientemente? ¿Has tomado un libro de superación personal, una Biblia, una buena obra de ficción, un cuento para niños, un libro de cocina, o cualquier otra cosa que pueda caer en la categoría de material de lectura? Las opciones son infinitas.

Un buen lector disfruta leer. Los libros ofrecen una abundante variedad de temas y sirven para muchos propósitos en nuestra vida, pero si no te "comunicas" con el autor al leer su obra, nunca comprenderás el acercamiento doble que tiene la lectura. ¡Leer no es una simple evocación de palabras, ni hojear en busca de ricos detalles, sino que es un proceso que involucra a tu cerebro y te permite considerar otras áreas de interés mientras descifras el mensaje que conduce al tesoro escondido del pensamiento!

Mi jefe, Don Geen, Director Ejecutivo de la Fundación Napoleón Hill, y columnista invitado de esta semana, quien también está de cumpleaños el primer día de marzo, es igualmente un ávido lector. Su columna detalla por qué lee y cuánto lo disfruta en el proceso. Aunque nuestras selecciones de lectura no son las mismas, los dos aprovechamos la oportunidad de intercambiar los mejores libros que hemos leído cada mes. Este intercambio nos beneficia mucho a los dos. Don me ha dicho que está convencido de que quienes tienen libros en su casa son mucho más ricos en muchos aspectos que quienes no los tienen, ya sea financiera, social, mentalmente, etc. Un hogar sin libros parece carecer de un recurso esencial para crear una vida encantadora. ¿Por qué no tomar un libro y leer durante treinta minutos todos los días? Hazlo durante treinta días seguidos y luego evalúa lo que has ganado. Si leer de esta manera no te resulta atractivo, entonces léele a un niño. Cualquier bibliotecario te ayudará a elegir buenos libros según la edad. De esta forma estarás compartiendo una habilidad que los pequeños pueden desarrollar y usar para toda una vida de riquezas.

Cómo leer un libro
Dr. Napoleón Hill y W. Clement Stone

Leer un libro de superación personal es todo un arte. Cuando leas, concéntrate. Lee como si el autor fuera un amigo íntimo y te estuviera escribiendo a ti y solo a ti.

Ahora, recuerda que cuando Abraham Lincoln leía, tomaba tiempo para pensar con detenimiento, establecer una conexión y asimilar los principios para su propia experiencia. Sería sabio seguir ese buen ejemplo.

También es sabio identificar qué estás buscando cuando lees un libro de superación personal. Si sabes qué estás buscando, estarás en mejor capacidad de encontrarlo. Porque si de verdad quieres relacionarte y asimilar para tu propia vida las ideas contenidas entre las portadas de un libro de inspiración, esfuérzate por lograrlo.

Un libro de superación personal no es para leerlo rápido, como leerías una novela de detectives. Mortimer J. Adler, en su obra *How to Read a Book*, anima al lector a seguir un patrón definido. El siguiente es ideal:

Primer paso: lee el contenido general

Esta es la primera lectura. Debería ser una lectura rápida, para asumir el flujo básico de pensamiento contenido en el libro. Pero toma tiempo para subrayar las palabras y frases importantes. Escribe notas en las márgenes, junto con las ideas que llegan a tu mente a medida que lees. Ahora, es obvio que haces esto con un libro que sea tuyo, pero las notas y marcas hacen que el libro sea más valioso para ti.

Segundo paso: lee en busca de énfasis particulares

Una segunda lectura tiene el fin de asimilar detalles específicos. Debes prestar especial atención para ver qué comprendes y realmente asimilas cualquier idea nueva que presente el libro.

Tercer paso: lee para el futuro

La tercera lectura es más un recuerdo que el acto mismo de lectura porque es útil para memorizar al pie de la letra pasajes que tengan un significado especial para ti. Observa cómo se relacionarían con problemas que a lo mejor estés enfrentando. Prueba nuevas ideas, desecha las que no sirvan y haz que las útiles queden grabadas en tus hábitos de comportamiento.

Cuarto paso: relee para refrescar tu memoria y reavivar tu inspiración

Existe un famoso relato acerca de un vendedor que se encuentra frente a su gerente de ventas diciéndole: "Dame otra vez ese viejo discurso de ventas, ya estoy empezando a desanimarme". Todos nos desanimamos. Deberíamos volver a leer nuestros mejores libros en esos momentos para reavivar el fuego que nos impulsó en un principio.

Success Through a Positive Mental Attitude. Prentice-Hall, Inc., 1960 pp. 239-240.

CLAVE 10

"Recuerdo los primeros años del Dr. Hill en Wise County. Él era el amor de su madrastra y la actitud que ella tenía hacia la vida fue lo que cambió por completo la vida de él para bien. ¿Cuánto podemos cambiar con un poco de actitud mental positiva?".

—Ana Laura Quesada

Nunca estaremos por completo seguros de que nuestras acciones positivas harán una diferencia en la vida de otros en este mundo. Solo esperamos que así sea. Como maestro, sabía que muchos de mis estudiantes estaban en mi clase por la nota de aprobación y no por aprender la lección. Sin embargo mis mensajes hicieron eco en algunos de ellos y les sirvieron para proseguir hasta lograr su llamado en la vida. ¿Qué hace la diferencia? No es fácil descubrirlo.

A los niños que provienen de las mejores familias y con todos los beneficios, a menudo les va peor que a sus compañeros que no tienen nada extra o absolutamente nada con qué trabajar. Nadie puede predecir con exactitud el resultado de otra persona, solo es posible hacer pronósticos conservadores. ¡Es por eso que se llaman predicciones y no sentencias!

Siempre me ha gustado la historia de la estrella de mar porque habla de hacer una diferencia en la vida de quienes nos rodean. Si nos esforzamos por ejercer una influencia positiva sobre alguien, sin duda creo que estamos dando un obsequio especial. Quizá no tengamos la manera de hacerlo por toda la gente, pero sí por alguien especial, como en la historia de la estrella de mar que narro a continuación. Pregúntate dónde están las estrellas de mar en tu vida: ¿en casa, en el trabajo, en la playa? A lo mejor sea diferente para cada quien, pero lo que no cambia es que si actuamos, marcaremos una diferencia en aquellos a quienes tocamos con una simple sonrisa, un cálido "hola", una larga llamada telefónica, o cualquier otra intervención que no teníamos por qué hacer. Pero cuando nuestra estrella de mar encuentre su hogar correcto en el océano, ¡nos sentiremos orgullosos por haber hecho una gran diferencia para ella!

La historia de la estrella de mar

Originalmente relatada por Loren Eisley

Un día, un hombre estaba caminando por la playa cuando observó que un pequeño niño recogía algo y lo lanzaba suavemente al mar.

Se acercó al niño y le preguntó: "¿Qué estás haciendo?".

El pequeño respondió: "Devuelvo estrellas de mar al océano. Las olas están fuertes y la marea está bajando. Si no las devuelvo al mar, van a morir".

"Hijo", dijo el hombre, "¿no ves que hay millas y millas de playa y cientos de estrellas de mar? No harás ninguna diferencia".

Después de escucharlo cortésmente, el niño se agachó, tomó otra estrella de mar, y la lanzó de nuevo al agua. Luego, sonriendo le dijo al hombre: "Hice una diferencia para esa".

Cariño por la gente
Dr. Napoleón Hill

Todo el que comprende la naturaleza de los perros, sabe que ellos de inmediato reconocen si le agradan o no a alguna persona. Y los perros expresan ese reconocimiento de forma clara.

El ser humano tiene casi la misma capacidad de reconocer, aún entre desconocidos, a quiénes le agrada, y se siente atraído hacia ellos, e igualmente se resiente con quienes no lo aceptan.

La Ley de la Retribución funciona sin falta, de modo que a las personas no se las juzga ni se las trata únicamente en función de sus actos, sino por su actitud mental dominante, mediante la cual expresan lo que les agrada o no con gran claridad.

Por esto es inevitable que aquellas personas a quienes no les agradan los demás, tampoco sean bien aceptadas. Y a quienes por naturaleza les gusta su prójimo, también van a ser bien aceptados. Por el principio de la telepatía, todas las mentes se comunican con las mentes que están a su alcance. Todo el que desea desarrollar una personalidad atractiva está bajo la constante necesidad de controlar, no solo sus palabras, sino también sus acciones.

PMA Science of Success Course, Educational Edition. Napoleon Hill Foundation, 1961, p. 183.

CLAVE 11

"Sin duda la vida tiene distracciones y frustraciones. Cuando estos eventos surgen, nuestra capacidad para pensar con claridad tiende a verse nublada. En este punto es importante tomar el control de nuestros pensamientos y enfocarnos en lo que en verdad es relevante para nosotros, así como en lo que queremos de la vida. En otras palabras, deshazte de los obstáculos y pensamientos negativos que surjan en tu mente".

—Dan Yovich

La atención controlada es el medio por el cual trabajamos de manera consciente hacia el logro de las metas, ya sean trascendentales o pequeñas. Desde la tarea más mínima hasta la misión más crucial en la vida, logramos los resultados que deseamos al concentrarnos con precisión en lo que queremos, una acción a la vez.

La vida suele parecer abrumadora. En ocasiones, las tareas que tenemos por hacer aparentan ser tan insuperables que las personas tienden a bloquearse, estancarse y comenzar a apestar, tanto a nivel literal como metafórico. El agua quieta se estanca, los animales que duermen mucho tiempo sin moverse, se enferman; las personas que se relajan en el trabajo, se sorprenden al ver que sus compañeros hacen grandes avances, y cuando se quedan atrás se sacuden la cabeza y se preguntan qué sucedió. Rara vez ven la relación entre lo que no se han exigido a sí mismos por medio de la atención controlada, y los resultados que ahora tienen en el aquí y ahora.

Cuando me siento abrumado y necesito dirección, me pregunto cuál es el siguiente paso sencillo que debo dar y qué marcaría la diferencia. Entonces hago lo que mi mente sugiere y luego me pregunto cuál es el siguiente paso, y así avanzo poco a poco. Esta quizá no sea una fórmula profunda para el éxito, pero funciona porque demuestra que estamos en control de lo que elegimos en la vida y logramos controlar de inmediato el tiempo que tenemos a la mano. A medida que avancemos en este proceso, comenzaremos a notar que una pequeña semilla de entusiasmo está comenzando a germinar en nuestro interior, y al volver a la tarea una y otra vez, el proceso se hace más fácil porque le hemos dado emoción. Ya sea que estés lavando platos, barriendo el piso, organizando papeles, o preparando impuestos, cuando comienzas a ver el resultado final en un futuro muy cercano, tu actitud se hace más positiva y comienzas a anticipar la finalización del trabajo debido al sentido de logro que brota en tu interior. Suena muy fácil, ¿verdad? Bueno, lo es.

Thomas Edison dijo: "Cuando un hombre se decide a solucionar algún problema, quizá recibirá algo de oposición al comienzo, pero si persiste y sigue en su búsqueda, sin duda encontrará alguna solución. El problema con la mayoría de personas es que renuncian antes de comenzar".

Las limitaciones son autoimpuestas. Domínate a ti mismo y luego domina el mundo.

Atención controlada
Dr. Napoleón Hill

Así que es obvio que cuando fijas tu atención de forma voluntaria sobre un propósito determinado e importante, y mediante hábitos diarios de pensamiento, obligas a tu mente a pensar con frecuencia en ese tema, condicionas tu subconsciente a estar dispuesto a actuar sobre ese propósito. Como lo hemos afirmado en varias ocasiones, la mente subconsciente actúa primordialmente basada en pensamientos dominantes que se le presentan a diario, independiente de que sean negativos o positivos, y procede a hacer realidad esos pensamientos traduciéndolos en su equivalente material.

Al concentrar la atención controlada sobre el objeto de tu propósito principal definido, aplicas de manera positiva el principio de autosugestión. No hay otro medio por el cual lo logres.

La diferencia entre atención controlada y atención no controlada es muy grande. Es la diferencia entre alimentar tu mente con pensamientos que producirán lo que deseas, o negarte al permitir que tu mente se alimente con pensamientos que producirán lo que no deseas.

La mente nunca permanece inactiva, ni siquiera cuando duermes. Todo el tiempo está trabajando, reaccionando a aquello que la estimula. Así que el objetivo de la atención controlada es mantener tu mente ocupada con pensamientos que sean útiles y logren el objetivo que deseas.

PMA Science of Success Course, Educational Edition. Napoleon Hill Foundation, 1961, pp. 346-347.

CLAVE 12

"El ajuste perfecto no es un principio aplicable solo en los deportes, es un principio de vida. Para encontrar nuestro ajuste perfecto necesitamos probar muchas cosas diferentes y ponerlas a prueba en la realidad. Se necesita valor, ensayo y error, y tal vez algunos golpes y quemaduras, antes de que nuestro propio cuento de hadas surja".

—Elizabeth Barber

Al permanecer mentalmente alerta y ser flexible, creas una posibilidad positiva para que el éxito entre por la puerta lateral de tu vida. Cuando menos se las espera, surgen oportunidades y plantean nuevos horizontes en tu vida. Como un cisne negro, estas inesperadas pero bienvenidas casualidades alteran la hoja de ruta en tu existencia. La vida nos da regalos que solo abriremos cuando estemos preparados y listos para recibirlos.

Al momento de escribir esta columna, voy de regreso de la Tercera Convención Internacional de Napoleón Hill celebrada en Kuala

Lumpur, Malasia. Nuestro orador principal fue Deepak Chopra, quien hizo un excelente trabajo llevando nuestra conciencia a un nivel superior durante su presentación. La Fundadora y Presidenta de Napoleón Hill Associates, Christina Chia, fue la única responsable de la organización y promoción de este evento. Nadie logra superarla en su papel de agente de cambio y renovación.

Algunos viajamos juntos desde Chicago haciendo escala en Hong Kong para llegar a Kuala Lumpur como ponentes para el evento. Un individuo, Tom "Higher" Cunningham, nos acompañó con su esposa Kim. Para Tom es difícil viajar debido a su discapacidad, pero se había comprometido y compartió la historia de su vida con los participantes en la convención. Su discurso terminó con una honrosa ovación de pie. Tom sustituyó el dolor con los elogios y mantuvo el rumbo durante su charla. Para él este viaje fue una prueba de resistencia debido al constante movimiento, los desplazamientos y las largas caminatas. ¡Pero la oportunidad había entrado por la puerta del lado y la inversión valió la pena! Al prepararse para abordar su vuelo de regreso a casa, Tom revisó su iPad una vez más ¿y adivina qué recibió? Una invitación.

Por haber estado dispuesto a aceptar lo que el Universo tenía en mente, Tom recibió una invitación para dar una charla en Malasia el próximo mes de septiembre. Sus ojos se iluminaron y una sonrisa enorme cubría su rostro cuando me buscó para hablarme de la oportunidad que había llegado a su correo electrónico. En su taller, Deepak Chopra reiteró que casualidad es cuando la preparación se encuentra con la oportunidad, y esto es justo lo que pasó con Tom. Él se había estado preparando durante casi tres años, diciendo siempre "sí" para completar su curso de certificación como líder con la Fundación, "sí" cuando volvió como instructor recientemente certificado para ser mentor, y "sí" cuando le solicitaron apoyo con sus habilidades de redacción haciendo lecturas de prueba sin ningún costo. Hizo muchos otros favores a quienes buscaron orientación o ayuda, y más pronto que tarde, el Universo lo puso directo en el camino de sus sueños. ¡Él nada más tuvo que llegar a tiempo siempre y dejar que el plan se desarrollara!

Al estar listos para recibir, el Universo nos abre una vía rápida hacia el éxito. Sin embargo, si tu camino hacia la riqueza se ve frenado por desvíos u obras en la vía, quizá debas aprovechar las inusuales oportunidades que aparezcan en tu vida con un rotundo "¡sí!". No dudes ni pospongas ni trates de justificar por qué las cosas no van a salir bien. ¡Solo hazlo, y hazlo ahora! La razón detrás de la oportunidad se hará evidente a medida que el plan se desarrolla. ¡Pregúntale a Tom!

Flexibilidad mental
Dr. Napoleón Hill

Debido a que hay quienes tienen una actitud mental positiva y poseen una mentalidad de caridad, interés y generosidad hacia aquellos con quienes se relacionan, se genera flexibilidad mental. Porque si alguien en verdad se interesa y ve lo bueno en otra persona, entonces sabrá comprender sus ideas y actitudes, y tener simpatía hacia esa persona, así sus opiniones difieran entre sí.

Flexibilidad mental es la capacidad de comprender y simpatizar con el punto de vista o los métodos de los demás, y adaptarse a operar armoniosamente con dichos puntos de vista y métodos. No quiere decir que para lograr flexibilidad mental hay que estar dispuesto a cambiar de opinión ante cada nuevo pensamiento, idea o costumbre que se nos presenta. ¡Sin duda, no! Tal persona sería una medusa sin espinas y no tendría una personalidad agradable. La flexibilidad mental no es más que la capacidad de comprender, simpatizar y armonizar con las ideas, actitudes y costumbres de los demás al punto de saber establecer y disfrutar una relación de trabajo agradable y exitosa.

"Flexibilidad", dijo Andrew Carnegie, "fue la cualidad que le dio a Charles M. Schwab la reputación de ser uno de los vendedores más exitosos de los Estados Unidos. Él podía sentarse en el suelo a jugar canicas con un grupo de niños, haciéndose a sí mismo un niño por el momento, y luego levantarse, entrar a su oficina y estar listo para ingresar a una reunión de mentes brillantes en la que debía tomar decisiones que involucraran millones de dólares".

La vida es una serie continua de experiencias en el arte de las ventas, mediante las cuales debemos vendernos a nosotros mismos a todos los que conocemos en nuestras relaciones sociales, profesionales o laborales. Aquel que no tiene la suficiente flexibilidad para armonizar su actitud mental con quienes tiene contacto, no logrará tener una personalidad agradable.

PMA Science of Success Course, Educational Edition. Napoleon Hill Foundation, 1961, pp. 166-167.

CLAVE 13

"Nuestra personalidad es lo único que en realidad tenemos la capacidad de controlar y esa es nuestra más grande fortaleza o nuestra mayor debilidad. No importa a quién conozcas, tu personalidad siempre debe ser atractiva, generosa y estable. Limitar tu forma de tratar o aceptar a otros, dependiendo del color de piel, la religión, la casta, la raza o su etnia, manifiesta una disparidad interna que puede y debe corregirse".

—Iqbal Atcha

El arte de escuchar es una destreza y un talento capaz de cambiar al mundo, y de hecho lo hace. Todos deseamos ser escuchados, pero ¿cuántos deseamos escuchar a los demás? ¿Estamos siempre listos para invadir la conversación de nuestro interlocutor con opiniones, consejos y prejuicios? ¿Nos disponemos a escuchar y aprender de las experiencias de vida de otros? No hay quien lo sepa todo, y es por medio del ejercicio de escuchar que en realidad hacemos parte de la raza humana y compartimos nuestra propia experiencia cósmica.

CLAVE 13

Napoleón Hill escribió lo siguiente en cuanto a la tolerancia: "Para tolerar a otros necesitamos estar dispuestos a ingresar a su espacio y ver la vida desde su perspectiva". Este mágico cambio de roles es similar a la fusión mental de Vulcano que todos llegamos a imaginar por medio del Dr. Spock en la serie de televisión *Star Trek*. Imagina cómo sería el mundo si todos compartiéramos unos con otros conscientemente nuestras experiencias y pensamientos de manera simultánea. Esta técnica sería la única ruta universal hacia la paz, mediante el proceso recíproco de compartir y recibir los dones de los demás. Ingresar en el espacio y el tiempo del otro nos permite recibir el regalo de una nueva perspectiva. Este obsequio no solo amplía nuestro mundo, sino que también tiene la capacidad de cambiarlo a medida que las ideas convergen y crean nuevas ideas. De muchas maneras, las artes nos permiten hacer este ejercicio de manera vicaria. Por ejemplo, mientras estamos sentados en el teatro y escuchamos la música o vemos una función, estamos en el momento justo y nos encontramos listos para recibir el obsequio de la forma de arte que estamos apreciando. Ya sea arte visual, audible, o cinético, experimentamos la forma y función de la pieza de arte y decidimos asimilarlo o no. Esta es otra capacidad de permanencia para crecer y renovarnos.

Así mismo, cuando nos conectamos con personas mediante la actividad de escuchar activamente, decidimos si queremos o no conocer más o seguir adelante. No importa cuál sea nuestra decisión, hemos mostrado respeto hacia la humanidad de otra persona al escucharla. Este aprendizaje se convierte en sabiduría, y la sabiduría tiene el poder de sanar y unir al mundo. Así que presta atención y aprende una lección. Al escuchar, más que al hablar, comenzamos a reconocer la chispa divina en los demás, y esta chispa aviva la luz de sabiduría que sin duda transforma al mundo.

¿Por qué no detenerte y aprovechar la oportunidad de escuchar la historia de otra persona? Quizá cambiará tu propia historia.

Tolerancia

Dr. Napoleón Hill

La tolerancia es la disposición a ser paciente y justo con las personas cuyas opiniones, prácticas y convicciones difieren de las nuestras. En otras palabras, es mantener una mente abierta.

Quien es tolerante mantiene su mente abierta para recibir información nueva y diferente, y adquirir conocimiento en todo campo. Esto no significa que debe retener y adoptar toda aquella información y conocimiento nuevo que adquiera tal como es, sino que debe examinarlos y procurar entenderlos. Así se dispondrá a llegar con paciencia y sabiduría a una conclusión justa.

Por otro lado, el intolerante tiene opiniones fijas respecto a casi todo. Es más, por lo general expresa sus opiniones con libertad y de manera enfática y con mucha frecuencia da a entender que cualquiera que no esté de acuerdo, está equivocado. Esta es una característica personal que nunca fomenta la popularidad de quien la posee. Algo por lo que las personas más se ofenden es por la confrontación directa en conexión con sus propias opiniones.

Sin duda, la intolerancia limita los privilegios que todo individuo tiene para apropiarse y usar el conocimiento y la experiencia de otros. En lugar de ganar cooperación, la intolerancia rechaza y provoca enemistad con aquellos que de otra forma podrían ser amigos. Detiene el crecimiento de la mente al cerrar la búsqueda de conocimiento. Desalienta el desarrollo de la imaginación. Impide tener un pensamiento y razonamiento acertados.

PMA Science of Success Course, Educational Edition. Napoleon Hill Foundation, 1961, pp. 175-176.

CLAVE 14

"El primer paso para adquirir riquezas es rodearte de influencias que te apoyen y ayuden, exigirte un entorno de cultura, ponerte en medio del mismo y dejar que sus influencias y abundancia te moldeen".

—*Gregg Swanson*

¿Cómo se cultiva la esperanza? ¿Es tan elusiva como una mariposa y tan invisible como un gato negro en una noche sin luna? La respuesta es tanto "sí" como "no". Atraemos a otros cuando tenemos esperanza y mostramos una actitud de "tú puedes". Al emitir energía positiva, la esperanza entra de puntillas en nosotros y en menos de nada nos encontramos frente a frente con esta burbujeante energía.

Hace poco estuve en Irlanda del Norte. El primer día me encontraba afuera viendo una manada de ganado y deleitándome en la absoluta belleza del paisaje. Quería acercarme para ver las vacas, pero cuando me acerqué, ellas se alertaron unas a otras y corrieron rápido a partes más altas y seguras. Me sentí abandonado y molesto mientras ellas me miraban desde lejos, un extraño invadiendo sus pastizales seguros.

En mi última tarde en el mismo sitio, decidí acercarme una vez más a las vacas. Esta vez ellas lo notaron, yo hablé con suavidad y me aproximé a la cerca con pasos lentos. Ellas no se movieron, así que yo avancé un poco más. Me reconocieron, y como si estuvieran teniendo un gesto de amistad, tres vacas de la manada comenzaron a caminar hacia mí. Eran más jóvenes y quizá más tontas, pero también tenían curiosidad. Después de unos minutos, más vacas se acercaron y pronto tenía una fila de trece vacas a lo largo de la cerca, y más seguían llegando cuando ya se sintieron seguras en mi presencia. Este fue uno de esos momentos en los que para mí el tiempo se detiene. Recordé la escena final de la película *City Slickers*, y sentí la bondad tangible de la naturaleza que me rodeaba.

Tanto las vacas como yo esperábamos que ninguno fuera a hacerle daño al otro. Al eliminar nuestras inhibiciones, disfrutamos de un momento de unidad pacífica. Fue una sensación muy agradable el experimentar y dejar ir el temor, y también fue un momento de comodidad. La esperanza se puede renovar y fomenta relaciones pacíficas. Da el primer paso y nunca sabrás quién se unirá a ti en el camino de las riquezas.

Tú puedes ser de ayuda para crear estos efectos positivos, pero primero debes dar el paso inicial. Practiquémoslo.

Busca motivación para ti y motiva a otros

Dr. Napoleón Hill y W. Clement Stone

Busca motivaciones para ti y para otros con ese ingrediente mágico. ¿Cuál?

Un hombre en particular lo encontró. Esta es su historia:

Hace unos años, un hombre, que era un exitoso fabricante de cosméticos, se jubiló a la edad de sesenta y cinco años.

Después de esto, cada año, sus amigos empezaron a celebrar su cumpleaños con una fiesta, y en cada fiesta le pedían que revelara su fórmula. Año tras año, amablemente se rehusó a hacerlo. Sin embargo, en su cumpleaños número setenta y cinco, sus amigos, un poco en broma y un poco en serio, le pidieron una vez más que revelara su secreto.

"Ustedes han sido tan maravillosos conmigo a lo largo de los años, que se los voy a decir", dijo. "Verán, además de las fórmulas que otros cosmetólogos utilizan, yo añadí el ingrediente mágico".

"¿Cuál es el ingrediente mágico?", le preguntaron

"Nunca le prometí a una mujer que mis cosméticos la harían bella, pero siempre le di esperanza".

¡La esperanza es el ingrediente mágico!

La esperanza es un deseo con la expectativa de obtener lo que se anhela y se cree que es alcanzable. Una persona reacciona conscientemente ante aquello que en su opinión es deseable, creíble y alcanzable.

Y también reacciona de manera subconsciente a la urgencia interna que induce a la acción cuando la sugestión del entorno, o la autosugestión, liberan los mecanismos de su mente subconsciente. Su respuesta a la sugestión puede desarrollar una obediencia con una acción directa, neutral o inversa a un símbolo específico. En otras palabras, puede haber varios tipos y grados de factores de motivación.

CLAVE 14

Cada resultado tiene una causa determinada. Tu acción misma es el resultado de determinada causa, de tus motivos.

Success Through a Positive Mental Attitude. Prentice-Hall, 1960, pp. 102-103.

CLAVE 15

"A pesar de ser el nieto de Napoleón Hill, estuve a la deriva. Me desvié a pesar de poder ser testigo de la verdad de sus palabras. Estuve a la deriva durante 25 años porque tenía seguridad de empleo. Tenía un salario razonablemente bueno. Me sentía bien conmigo mismo. Estuve a la deriva porque no tenía ninguna razón para cambiar. Pero por sobre todo, estuve a la deriva porque no tenía metas a largo plazo, no tenía un deseo ardiente".

—J. B. Hill

El proceso de cambio está arraigado en nuestra evolución. Sin cambio ni renovación, no hay ningún crecimiento. Para cambiar, debemos ser conscientes de nuestra necesidad de cambio. Shakespeare escribió acerca de las siete edades del hombre, de cómo una persona refleja estas etapas del desarrollo humano. Sabemos que el proceso se da, pero para algunos no es nada suave. Con mucha frecuencia, la gente se queda estancada en una etapa y se resiste al cambio. Cuando esto sucede, el tiempo sigue su marcha aunque la persona no lo haga. Al reconocer que el cambio está alineado con el crecimiento, tal persona puede desarrollar una perspectiva positiva hacia el cambio, y, en lugar de temerle, aprende a aceptarlo.

Emile Coue se destacó por su famosa afirmación que decía: "Cada día en todos los aspectos, mejoro más y más". Este pensamiento, unido con la afirmación del Dr. Hill, que dice: "La mente del hombre tiene la capacidad para lograr todo lo que concibe y cree", son dos herramientas poderosas y muy útiles para disciplinarnos y motivarnos. Los pensamientos son poderosos, pero solo son útiles cuando son puestos en práctica. Para mejorar más y más cada día, primero debes considerar qué quieres mejorar de ti mismo que en su estado actual no sea suficiente. Luego, necesitas disciplinarte para actuar al hacer aquello que has estado considerando hacer.

Añade emoción a la acción y la nueva y mejorada fórmula se hace aún más poderosa, ¡así como la dinamita mental del Dr. Hill!

Pensamiento + acción + emoción = ¡Éxito!

Inténtalo y verás.

Asume el cambio como si fuera crecimiento. Pregúntate cómo deseas mejorar y crecer. Identifica un área específica en tu vida y luego medita en ella. Lleva tus pensamientos a un calor de deseo intenso y emocional y luego mira si tus acciones coinciden con la intensidad de esta emoción. Si así es, estás por el camino hacia la superación personal, pero de no ser así, tienes que pedirte cuentas. Tú eres quien tienes el secreto para tu éxito. Nada te detiene excepto tú mismo. Salte de tu propio camino y avanza. ¡Puedes hacerlo, si crees que puedes!

¿Vas a la deriva y sin un objetivo en la vida?

Dr. Napoleón Hill y W. Clement Stone

¡Piénsalo! Piensa en todos los que van por la vida a la deriva y sin un objetivo, insatisfechos, luchando contra muchas circunstancias, pero sin una meta bien definida. ¿Sabrías decir ahora mismo qué es lo que quieres en la vida? Quizá no sea fácil fijar tus metas, e incluso requieras de un doloroso autoexamen, pero valdrá la pena sin importar el esfuerzo que exija, porque tan pronto como logres identificarlas, disfrutarás de muchas ventajas que llegarán casi de forma automática:

1. La primera gran ventaja es que tu mente subconsciente comienza a operar bajo una ley universal: "La mente del hombre tiene la capacidad de lograr todo lo que concibe y cree". Ya que visualizas el destino al que quieres llegar, tu mente subconsciente se afecta con esta autosugestión y trabajará para ayudarte a llegar allá.

2. Como tú sabes qué quieres, tienes la tendencia a estar en el camino correcto y seguir la dirección correcta. Tomas acciones.

3. El trabajo se hace divertido. Estas motivado a pagar el precio. Presupuestas tu tiempo y dinero. Estudias, piensas y planeas. A medida que piensas más en tus metas, tu entusiasmo crece. Y junto con el entusiasmo, tu deseo se convierte en un gran deseo.

4. Empiezas a estar más atento a las oportunidades que te ayudarán a lograr tus objetivos, conforme estas se presenten en tus experiencias diarias. Como sabes qué es lo que quieres, estarás más inclinado a reconocer tales oportunidades.

Success Through a Positive Mental Attitude. Prentice-Hall, 1960, p. 25.

CLAVE 16

"El cerebro es muy bueno "advirtiendo". De hecho, es mucho más probable que el cerebro evite los riesgos en lugar de buscar recompensas asociadas. "El temor" es el medio por el cual el cerebro nos protege. Desafortunadamente, también obra en contra de quienes estamos esmerándonos por tener éxito. Es imposible triunfar sin algo de riesgo, sin temor. Por lo menos le tememos a la vergüenza del fracaso. Triunfar significa que debemos conquistar nuestros temores".

—J. B. Hill

La buena noticia es que podemos cambiar nuestra programación mental porque es modificable. Este hecho representa una gran esperanza para cada esposa, esposo, madre, padre, hijo o amigo en este planeta, que desee que alguien cambie por su propio bien. Cambiar para bien sí es posible, sin embargo, la única persona que puede iniciar y lograr ese cambio eres ¡tú! Irónicamente, cuando tú cambias, el mundo cambia junto contigo. Recuérdalo.

Recuerdo que en la escuela primaria, las monjas nos decían que no señaláramos a las personas. Nos recordaban que cuando acusamos a alguien apuntándole con nuestro dedo índice, la mayoría de nuestros dedos nos están señalando a nosotros. Es bueno recordar esto porque cuando sentimos que alguien necesita cambiar, la realidad puede ser que somos nosotros los que necesitamos un cambio total. Haciendo a un lado los chivos expiatorios, cuando nos miramos al espejo, vemos nuestra imagen, la cual debería ser nuestro primer indicio de que el cambio debe comenzar con nosotros mismos.

Cada uno vive en su interior y a diario lucha con su ego. Podemos culpar a otros o a cualquier situación por la falta de disciplina, autocontrol, mala ética laboral, debilidades morales, pero la conclusión final es que cada una de estas características solo las podemos rastrear hasta la fuente: nuestro carácter personal, bueno o malo.

El tiempo nos permite hacer cambios que consideramos necesarios. Nuestro crecimiento es contingente según nuestra consciencia. A medida que aprendemos, crecemos en sabiduría y años. ¿No es un consuelo saber que es posible superar los errores del pasado, mejorar nuestro perfil de éxito personal y alcanzar nuestro potencial al ajustar nuestros hábitos? Por mi parte, me alegra haber tenido varias oportunidades para hacerlo bien. Quizá sea necesario intentarlo varias veces para perfeccionar algo, pero al final, me siento orgulloso por lo que he logrado debido al esfuerzo que hice para lograr una versión mejorada de mí mismo.

Gobernado por hábitos

Dr. Napoleón Hill

La fuerza cósmica del hábito controla todas las relaciones humanas y determina si una persona tendrá éxito o fracasará en su vida laboral. La naturaleza usa esta fuerza como el medio por el cual todo ser se ve forzado a hacer parte del entorno en el que vive y se mueve a diario.

Todos estamos gobernados por hábitos. Los aceptamos debido a pensamientos y experiencias repetitivos. Así es como controlamos nuestro destino en la Tierra, en la medida en que controlemos nuestros pensamientos. Como ya lo hemos visto, nuestros hábitos de pensamiento, nuestra actitud mental, son lo único que cada persona tiene el derecho de controlar por completo.

Creas patrones de pensamiento al repetir ciertas ideas o comportamientos, y la fuerza cósmica del hábito se hace cargo de esos patrones, haciéndolos más o menos permanentes (dependiendo de la intensidad con la que los repetimos o practicamos), hasta que los vuelvas a ordenar de manera consciente.

El hombre es el único ser equipado con el poder de elegir, por medio del cual establece sus propios patrones o hábitos de pensamiento y comportamiento, o los romper y reorganiza según su voluntad.

Pero, aunque el Creador le ha dado al hombre el privilegio de controlar sus pensamientos, también lo ha sometido a la fuerza cósmica del hábito mediante la cual sus hábitos de pensamiento inevitablemente deben vestirse a sí mismos con su equivalente físico. La fuerza del hábito no determina los pensamientos que deba expresar un hombre, en lugar de esto controla lo que piense y haga, y vela por que esos pensamientos y acciones cumplan con la medida de su creación.

Si los pensamientos dominantes de un hombre son de pobreza, la fuerza del hábito traduce estos pensamientos a términos físicos de miseria y necesidad. Pero si los pensamientos de un hombre son de felicidad y contentamiento, paz mental y abundancia financiera, esa misma fuerza los transformará en su contraparte física. El hombre construye el patrón por medio de sus pensamientos dominantes, mientras que la fuerza cósmica del hábito crea el molde según los patrones desarrollados por el hombre.

PMA Science of Success Course, Educational Edition. Napoleon Hill Foundation, 1961, p. 491.

CLAVE 17

"Ir la milla extra es la iniciativa personal en acción. Ya es lo suficientemente difícil recorrer la primera milla cuando no se tiene motivación para triunfar, mucho más lo es recorrer la milla extra. Dado que el concepto de ir la milla extra suele ser confuso, y hasta ofensivo para quienes lo escuchan por primera vez, esto sugiere que la automotivación es menos común de lo que quisiéramos creer".

—Christopher Lake

¿Eres de los que inician sus proyectos? ¿De los que los terminan? Lo ideal es que deberías ser ambas cosas, pero la mayoría de personas cae en la categoría de los que nada más los "inician", y terminan quedándose allí. A diferencia de los deportes, esta no es una buena posición para jugar en la vida porque cuando eres de los que comienzan pero no de los que terminan, nunca alcanzas tu potencial de grandeza. Los que apenas inician, tienen entusiasmo pero les falta persistencia. Sueñan con el resultado, pero nunca idean un plan organizado para alcanzar el fin que tienen en mente. Flaquean y caen, pero no se levantan. No prosiguen hacia adelante ni hacia arriba porque la lucha parece demasiado dura. Si alguna de estas descripciones se aplica a ti, entonces es muy probable que estés destinado a permanecer en el lado del fracaso del río de la vida que el Dr. Hill describe. Alcanzarás la otra orilla del éxito solamente respaldando tu iniciativa personal con persistencia y valentía.

Muchas personas se inscriben en nuestros cursos y expresan que quieren completar el plan de estudios de tres etapas para alcanzar la certificación como líderes, pero pocas terminan el proceso. Lo que sucede con la mayoría es que la vida interviene y renuncian cuando es más fácil renunciar que persistir. Dinero, tiempo, dificultades personales, etc. Todas excusas "legítimas" para no terminar, pero en realidad, la causa de fondo es la falta de iniciativa personal. La vida nos pasa a todos y cada uno de nosotros, pero los que triunfan están convencidos de sus sueños y tienen la fortaleza para esforzarse por alcanzarlos. Se necesitan agallas para alcanzar la gloria.

El Dr. Napoleón Hill dijo: "La mente que está formada para recibir, atrae aquello que necesita, así como un imán atrae limaduras de acero". Para recibir debes estar dispuesto a comenzar, y cuando el canal ya esté abierto debido a tu comienzo, tu mente atraerá los medios y métodos necesarios para completar cualquier tarea que te propongas.

La iniciativa personal respaldada con una acción sostenida, y con persistencia, es la llave que abre la puerta del éxito. Sin un motivo y un plan personalizado para lograrlo, seguirás siendo de aquellos que apenas "inician" en la vida. Comienza hoy mismo con la intensión de completar algo, cualquier meta que quieras lograr, y ahora mismo escribe un plan paso a paso para lograrla. Esta es la parte más importante del proceso porque cuando ya tienes el plan a seguir en tu camino, todo lo que tienes que hacer es dar comienzo al viaje dando un paso a la vez. Y en poco tiempo serás de los que "terminan", habrás cruzado el río de la vida, llegando a la rivera del éxito, en lugar de ser arrastrado por las actuales distracciones que se presentan en todo camino.

Iniciativa personal
Dr. Napoleón Hill

"La persona que progresa", continuó Carnegie, "hace lo que debe hacer sin que alguien se lo diga. Pero no se detiene ahí, sino que va más allá haciendo mucho más de lo que se espera o se exige de ella".

¡La iniciativa personal es a un ser humano lo que el arranque automático es a un automóvil! Es el poder que inicia toda acción, que asegura la realización de algo que se empieza.

Muchos son de los que "inician", pero pocos son de los que "terminan" lo que se proponen. La iniciativa personal es el dínamo que toma la capacidad de la imaginación y la pone en acción. Es el proceso mediante el cual tu objetivo principal se convierte en su equivalente físico o financiero. Es la cualidad que crea un propósito importante, junto con todos sus efectos menores.

PMA Science of Success Course, Educational Edition. Napoleon Hill Foundation, 1961, p. 201.

CLAVE 18

"Las zonas rurales, como el sitio donde nació Hill, el Condado de Wise, Virginia, históricamente han sido juzgadas según sus habitantes más pobres. Sin embargo, hay quienes demuestran que el éxito puede surgir en cualquier lugar, en especial en las montañas de los Apalaches, donde los valores de muchos coinciden con los principios de Napoleón Hill".

—Amy Clark

Tal vez hayas oído hablar del actor Bruce Lee. En 1969 él escribió en *My Definite Chief Aim:* "Yo, Bruce Lee, seré la primera súper estrella oriental mejor pagada en los Estados Unidos. A cambio de esto, haré las actuaciones más emocionantes y daré la mejor calidad en las capacidades de un actor. A partir de 1970 alcanzaré fama mundial y de ahí en adelante hacia finales de 1980 tendré en mi poder $10 millones de dólares. Viviré como yo quiera y alcanzaré armonía interior y la felicidad".

Suena familiar, ¿no? Tal vez hayas leído en otra parte los pasos para poner a prueba la fórmula ¡Sé que tengo! Teniendo en cuenta que Bruce Lee había avanzado bastante en su camino para alcanzar su meta al momento de su muerte, ahora te pregunto:

¿Has escrito el objetivo principal para tu vida?

De no ser así, ¿por qué no lo has hecho?

Es sencillo. A continuación, en palabras del mismo Dr. Hill, he incluido los seis pasos contenidos en la fórmula. ¿Por qué no tomas una hora de tu día en este momento y le das forma a la misión de tu vida? Esto es importante, dado que pone por escrito el ritmo de aquello en lo que te estarás convirtiendo de aquí en adelante. Es tan importante como un contrato legal, así que ¿por qué no ponerle fecha y firmarlo?

Incluso ante un notario y en presencia de un amigo de confianza, con tu mejor escritura, escribe el propósito principal de tu vida siguiendo los seis pasos hacia la riqueza según el Dr. Hill. Escribe la fecha. Fírmalo. Léelo en voz alta dos veces al día, por la mañana y por la noche. Elabora tu deseo hasta que sea tan intenso que arda al rojo vivo, o, como el Dr. Hill lo llama, que sea un deseo ardiente. En tu mente, mira, escucha, saborea, huele y toca el resultado. Haz que sea lo más real posible para tus sentidos. Actúa de inmediato, haz lo que sea necesario para traer tu sueño a esta realidad de tiempo y espacio. Puedes hacerlo porque crees que puedes.

Seis maneras de convertir los deseos en oro

Dr. Napoleón Hill

El método mediante el cual el deseo de riqueza se puede transmutar, convirtiéndose en su equivalente económico, consiste en las siguientes seis medidas prácticas:

Primera: Fija en tu mente la cantidad exacta de dinero que quieres. No basta solo con decir "quiero un montón de dinero". Sé claro en cuanto a la cantidad. (La claridad tiene una razón sicológica, la cual describiremos en un capítulo más adelante).

Segunda: Determina exactamente lo que te propones dar a cambio del dinero que ganes (El recibir "algo por nada" no existe).

Tercera: Establece una fecha definitiva para la que planeas poseer el dinero que deseas.

Cuarta: Diseña un plan preciso para hacer realidad tu deseo, y comienza de inmediato, no importa si estás preparado o no para ponerlo en acción.

Quinta: Escribe una declaración definida y concisa de cuánto dinero te propones ganar, determina el límite de tiempo para adquirirlo, define lo que te propones dar a cambio del dinero, y describe con claridad el plan mediante el cual te propones acumularlo.

Sexta: Dos veces al día, lee en voz alta la declaración que has escrito, una vez justo antes de acostarte en la noche, y una vez después de levantarse en la mañana. Al leerla, visualiza, siente y cree que ya tienes el dinero.

Es importante que sigas las instrucciones descritas en estos seis pasos, y es especialmente importante que observes y sigas las instrucciones del sexto párrafo. Quizás te quejes diciendo que es imposible poder "verte a ti mismo con el dinero" antes de tenerlo en realidad. Aquí es donde el deseo ardiente vendrá en tu ayuda. Si de verdad deseas el dinero con tal intensidad que tu deseo se convierte en una obsesión, no será difícil convencerte de que lo obtendrás. El objetivo es querer dinero y estar tan decidido a obtenerlo, que tú mismo te convences de que lo tendrás.

Think and Grow Rich. Fawcett Books, 1963, pp. 36-37.

CLAVE 19

"La clase habló acerca de cómo podían aplicar otros principios a los diferentes aspectos de su vida actual. Se sugirió el ejemplo de trabajar para un jefe negativo. Hablamos sobre ir la milla extra y mantener una actitud mental positiva en este tipo de situaciones, y no rebajarse hasta el nivel de jefe negativo". Fue divertido y emocionante ver crecer a los estudiantes, ya que este era su primer contacto con Napoleón Hill".

—Michael Collins

Siempre es estimulante escuchar comentarios positivos de las personas con quienes he trabajado en mi cargo como Director de Educación de la Fundación Napoleón Hill. Hoy recibí un informe de Michael Collins haciendo referencia a una clase que se está enseñando como proyecto final para obtener la certificación como líder.

Una o dos veces al año, El Centro de Aprendizaje Mundial Napoleón Hill otorga certificaciones internacionales de liderazgo a aquellas personas que, como parte de su misión en la vida, tienen un deseo ardiente de compartir su amor por la filosofía de éxito de Napoleón Hill. Antes de esto, ellos completan dos cursos con el fin de prepararse para recibir esta certificación, uno es un curso de estudio en casa, y el otro es un curso en Internet. Cuando han completado con éxito estos cursos, los estudiantes están en capacidad de avanzar al curso final, Certificación de Líder.

Cada estudiante toma el curso porque ya ha decidido cuál uso le quiere dar a ese material en su vida. La siguiente es la respuesta que le escribí a una persona que deseaba saber qué utilidad tenía con el certificado, una vez obtenido:

"No se equivoque. Esta es una serie de cursos motivacionales de superación personal diseñados para ayudarle a trabajar, en un principio con usted mismo, y luego con otras personas, como un líder que tiene un certificado de haber finalizado el curso de la Fundación. No se trata de una licencia o de una alianza para obtener empleo por medio de la Fundación. Esta no es una franquicia, aunque las otorgamos para otros países por una tarifa anual. Así como con cualquier diploma que esté en la capacidad de obtener de una institución educativa, ya sea una licenciatura en inglés o en ciencias, la institución de la cual se gradúa no lo emplea ni le busca un empleo. Le damos alguna orientación sobre cómo visitar universidades locales (si tiene los requisitos necesarios para enseñar), prisiones (si las cárceles en su área están abiertas para este tipo de instrucción), centros religiosos, pero en última instancia, lo que usted haga con lo que aprenda y el conocimiento adquirido, depende de su persuasión e iniciativa personal. Por favor ingrese a nuestra página de internet www.naphill.org, vea el video de Ray Stendall, y vuelva a leer la página que habla sobre lo que le es posible hacer con la certificación como líder, una vez haya completado el proceso.

No quiero que surjan malos entendidos. Ya que usted hizo la pregunta, estoy respondiendo de la forma más clara posible. La mayoría de personas usa este entrenamiento en su área de trabajo, instruye a su personal o también ofrece cursos para distribuidores o agentes. Muchos de nuestros instructores están en áreas como seguros, ventas, enseñanza, estudios religiosos, bienes raíces, y aplican estos conocimientos a su área de interés y dentro de su empleo actual. Espero que esto le ayude a tomar una decisión informada acerca de nuestros cursos.

Gracias por preguntar".

Como leerás, yo abogo por dar información completa. Dicho esto, si decides asumir el reto, tomar el control de tu vida, y usar la educación personal como la herramienta de enriquecimiento que es, espero verte en uno de nuestros cursos de certificación de líderes este año. Como Corrie ten Boom sabiamente dijo: "No te molestes en darle instrucciones a Dios. Solo preséntate a trabajar". No importa si eres un infante de marina uniformado o un marinero de corazón, debes conocer cuál es tu misión. Si no logras decidir cuál es, te sugiero que leas *A Message to Garcia*, escrito por Elbert Hubbard ¡y aprende el proceso!

El poder del pensamiento
Dr. Napoleón Hill

El hombre es la única criatura en la Tierra con capacidad de libre determinación y derecho a elegir cuáles serán sus pensamientos y acciones. Los animales más inferiores se rigen por seis hábitos e instintos inherentes, y no tienen la facultad de comprender las situaciones, excepto en los actos más simples de la vida, tales como detectar la presencia de alimentos por su olor, o encontrar una salida de un laberinto al chocar su cabeza contra las paredes. La característica que diferencia a la especie humana es su habilidad de pensamiento. El hombre tiene una peculiaridad sobre la cual tiene el derecho inherente y absoluto de control, que es su actitud mental. La sola idea de que tengamos el control absoluto sobre nuestros pensamientos, es grandiosa. Demuestra sin lugar a dudas una estrecha relación entre la mente del hombre y la de la "inteligencia infinita". Las implicaciones de esta sencilla exposición de evidencias, son impresionantes. El control de la mente es la clave para el poder de nuestra mente subconsciente, así como el poder de la "inteligencia infinita". En conclusión, significa que cualquier plan o propósito que el hombre pueda concebir en su mente consciente, está facultado para hacerlo realidad, ya sea para su beneficio, edificación, mejoramiento y alegría, o también para su miseria, degradación y destrucción.

PMA Science of Success Course, Educational Edition. Napoleon Hill Foundation, 1961, p. 31.

CLAVE 20

"La mayoría de los estudiantes ACCI trabaja con juventudes en áreas urbanas cuyas posibilidades de tener acceso a una profesión son limitadas, y su entorno no siempre es de influencia positiva. Think and Grow Rich es un libro que les mostrará a estos estudiantes que toda persona de cualquier parte del mundo tiene la capacidad de lograr sus sueños con determinación y actitud positiva. Eso fue exactamente lo que hizo el Fundador de ACCI, Oscar Harris".

—H. Lee Jarboe

Norman Vincent Peale dijo: "Cualquier hecho que enfrentemos no es tan importante como nuestra actitud hacia el mismo, ya que esta determina el éxito o el fracaso". Estoy de acuerdo con tal afirmación, pero me gusta combinarla con la de Napoleón Hill que añade la dimensión extra que muchos olvidan. Hill nos recuerda que "siempre es tu turno para hacer el próximo movimiento". La palabra crucial aquí es moverse, tomar acción. Ser optimista o pesimista es un buen punto de partida, pero así no más, no se gana la carrera.

Tenemos las probabilidades a nuestro favor cuando sabemos mantener una actitud mental positiva constante, pero el trofeo se lo llevan las personas que toman las medidas necesarias en la carrera de la vida, y ponen su actitud en movimiento.

¿Corres el riesgo cuando se te presenta la oportunidad? Más te vale que así sea porque una persona no crece si no corre riesgos. Muchos tienen miedo de asumir un riesgo que podría convertirse en la oportunidad de su vida. Por el contrario, optan por la seguridad y se pierden de la vida que habrían tenido. Esto es lo que Henry David Thoreau llama una vida de silenciosa desesperación. Todos sabemos que el resultado final para cada una de nuestras vidas es la muerte, pero la pregunta no es si vamos a morir, sino si nos decidimos a vivir. Y, sí, la decisión es nuestra y solo nuestra.

Comienza por aceptar los desafíos, riesgos y oportunidades que se te presentan en la vida como puertas hacia una nueva y mejor existencia. Toma aquella clase que a tu parecer no marca alguna diferencia para ti, asiste a aquella cena que preferirías perderte, escucha un programa de audio fuera de tu área de interés inmediato, haz un viaje con un amigo cuando él crea que lo disfrutarás, así no se lo creas. Solo preséntate y mira las abundantes oportunidades que el Universo trae a tu puerta cada día. A lo mejor sea una margarita, un gato, una tormenta, o el periódico que llega de forma inesperada, pero agradécelos como si estuvieran destinados para ti. Me pregunto qué riesgos aceptarás correr hoy. ¿Será que ese riesgo que aceptes, es en realidad la invitación a una nueva y mejorada versión de la vida que llevas hoy? ¿Por qué no ver qué sucede al responder "sí" cuando preferirías decir "no"? Ese es el propósito de una actitud mental positiva. Practica decir "sí", y luego sigue adelante.

La actitud mental puede ser negativa o positiva

Dr. Napoleón Hill

La actitud mental positiva vale la pena en la cotidianidad de la vida, así que veamos en qué consiste y cómo obtenerla y aplicarla en la lucha por las metas y circunstancias que deseamos vencer.

La actitud mental positiva tiene muchas facetas e innumerables combinaciones para aplicarla en relación con todas las circunstancias que nos rodean.

En primer lugar, la actitud mental positiva es el propósito constante de hacer que cada experiencia, agradable o no, conlleve a algún tipo de beneficio que nos ayudará a equilibrarnos con todo lo que conduce a tener paz mental.

Es el hábito de buscar la "semilla de un beneficio equivalente" en cada fracaso, derrota, o adversidad que experimentamos, y hacer que germine para llegar a ser algo beneficioso. Solo la actitud mental positiva puede reconocer y beneficiarse de las lecciones o encontrar la semilla de un beneficio equivalente que viene con todas las situaciones desagradables que experimentamos.

La actitud mental positiva es el hábito de mantener la mente ocupada en relación con las circunstancias y aquello que deseamos en la vida, y alejada de todo lo que no queremos. La mayoría de personas pasa la vida con su actitud mental dominada por temores, ansiedades y preocupaciones acerca de las circunstancias que por alguna razón surjan inesperadas. Y lo más extraño de esta verdad es que estas personas suelen culpar a otros por las desgracias que han traído sobre ellas debido a su actitud mental negativa.

You Can Work Your Own Miracles. Random House, 1971, pp. 11-12.

CLAVE 21

"Se informa que la principal causa de divorcio, depresión e insatisfacción en nuestra sociedad es la preocupación por cuestiones de dinero. Debo creer que la mayoría de las preocupaciones no es por la jubilación, la educación universitaria, o el pago de la vivienda, sino por asuntos cotidianos que se nos presentan de forma inesperada y que solo se resuelven con dinero".

—Jim Stovall

Siempre es bueno mirar tu saldo bancario y saber que hay dinero disponible para gastos imprevistos. Estos los podrías denominar fondos de emergencia, o como prefieras, pero en esencia es dinero en el cual confiar cuando surja una necesidad. El hecho de saber que tienes ese dinero disponible te ayudará a dormir mejor. No hay nada peor que preguntarte de dónde vendrá tu próximo centavo o cómo vas a conseguir fondos si de repente surge una necesidad. Ya sea que se trate de una muerte en la familia, un accidente, la avería de un electrodoméstico, o un inesperado recibo de impuestos, literalmente te sientes tranquilo si has separado algunos fondos para cubrir cualquier "emergencia". Saber que necesitas ese capital, y cultivar el arte de ahorrar con regularidad, alivia un posible desastre financiero. Así que, al presentarse una necesidad económica, la solución suele ser tan simple como practicar autodisciplina y esfuerzo hasta alcanzar la meta.

Por otro lado, ¿tienes una cuenta bancaria emocional y espiritual de la cual también haces retiros en el momento de mayor necesidad? Los ahorros financieros te dan cierta tranquilidad, pero la vida consiste en mucho más que en un sólido saldo bancario. Pregúntate a quién acudirías en busca de ayuda o apoyo si te sucediera algo que no pudieras solucionar con dinero. ¿Qué amistades tienes que te ayudarían en un momento de necesidad emocional o espiritual? Si tienes un gran déficit en esta área, ¿cómo haces que el saldo crezca? Al final, las personas a quienes vas a acudir en medio de un problema y te reciben con un saludo de puertas abiertas son aquellas que contribuyen a tu solvencia emocional. Ellas valen su peso en oro.

Así como con las finanzas, para cultivar este proceso debes cuidar y alimentar tus relaciones. Las amistades no son de una sola vía. Si estás en cualquiera de los dos extremos, ya sea en el del receptor o en el del que da, debes asegurarte de que haya un equilibrio en la relación. Las relaciones desequilibradas existen, pero no por mucho tiempo. Si eres alguien que da así como recibe, estás manteniendo un equilibrio que no se pierde con facilidad. Es en el hacer que la conexión se mantiene y se solidifica. ¿Eres un hacedor o un soñador? Los hacedores reciben recompensas de "karma" acreditados a sus cuentas, los soñadores apenas tienen la promesa de futuras ganancias. Con esto quiero decir que, para justificar el pedirle ayuda a alguien, primero debes hacer algo para merecerlo. Es el hacer el que nos da el derecho a recibir.

Entonces, ¿has llamado o visitado a un amigo? ¿Has hecho algo por otra persona sin que te lo haya pedido? ¿Has compartido lo que tienes con un ánimo de generosidad? ¿Has dado por dar en lugar de dar para recibir? Prueba este proceso. Durante un mes, haz algo cada día sin esperar una compensación por parte, ni de quien se beneficia, ni de alguien más. Después de que haya pasado el mes, revisa el saldo en tu cuenta bancaria emocional/espiritual. Te sorprenderá ver los beneficios que has prestado, y al hacerlo, mejorarás tu optimismo mediante una buena acción a la vez, y estarás haciendo una diferencia, para ti, así como para otros.

Piense y hágase rico y la paz mental
Dr. Napoleón Hill

Aproximadamente siete millones de lectores han leído mi libro *Piense y hágase rico*. Y en los veinte años transcurridos desde su publicación, he tenido la oportunidad de hablar con algunos de ellos, y veo que lo han utilizado apenas para enriquecerse en las finanzas. Es hora de poner por escrito una vez más las doce grandes riquezas de la vida:

1. Una actitud mental positiva
2. Una buena salud física
3. Armonía en las relaciones humanas
4. Libertad de cualquier temor
5. Esperanza de triunfar en el futuro
6. Capacidad de tener fe
7. Disposición a compartir tus bendiciones
8. Una labor de amor como ocupación
9. Mente abierta sobre todos los temas

10. Autodisciplina en todas las circunstancias

11. Capacidad de comprender a los demás

12. Suficiente dinero

Estas son las riquezas que pueden y deben ir junto con la paz mental. Observa que he dejado el dinero en el último lugar, y esto a pesar de que insisto en que es muy difícil tener paz mental sin tener suficiente dinero. Lo puse ahí porque tú mismo automáticamente le darás la importancia que quieras al dinero. Por lo tanto, de vez en cuando debo recordarte que es mejor restarle importancia al hecho de que el dinero compra mucho, pero no puede comprar la paz mental, apenas te ayudará a encontrarla. Pero ni el dinero ni nada más te ayuda a encontrar la paz mental, a menos que empieces el viaje en tu interior.

Grow Rich! With Peace of Mind. Ballantine, 1996, pp. 67-68.

CLAVE 22

"La conciencia propia es fundamental para desterrar los pensamientos vampiros que impiden la realización de un propósito definido. A medida que cobro mayor conciencia de mis pensamientos contraproducentes, supero el ser víctima de ellos. Da mucho más poder el hecho de saber que todos tenemos la capacidad de elegir pensamientos que dan vida y acciones consecuentes que respaldan el cumplimiento de nuestros deseos más sinceros".

—Catherine Lenard

Si tú no puedes controlar tu mente, ¿quién lo hará? ¿Estás dispuesto a darle el control de tu mayor activo a otra persona u objeto? ¡Eso sería como regalar la caja de seguridad porque te da vergüenza admitir que has perdido la llave! El control mental no es algo mágico, de otro mundo, ni tampoco algo oculto. Es la pura disciplina que te mantiene en el rumbo hacia el fin determinado que buscas. La receta es persistencia, práctica y paciencia contigo mismo al trabajar para alcanzar una meta.

Los comentarios negativos en nuestro interior se apoderan de la mentalidad positiva cuando les permitimos la entrada. La baja autoestima, la falta de descanso, un estilo de vida poco saludable, y muchas otras causas, contribuyen a que la negatividad asuma un papel importante. Así como con las malas hierbas en un jardín, debes identificar y eliminar estos pensamientos. Ya sea con una pala o con una afirmación, la negatividad la debes arrancar de raíz.

En este mundo existen muchos opuestos, y son beneficiosos porque sin experimentar lo malo, ¿cómo haríamos para reconocer lo bueno? Sin la luz del sol, ¿quién agradecería la sombra? El saber que hay dos lados en cada moneda, cara y cruz, nos lleva a considerar nuestras opciones. Al mirar el lado positivo, nos condicionamos a procurar el bien. Al determinar nuestra mente, también nos entrenamos para concentrarnos en el resultado final que queremos alcanzar. Usa tu mente para lograr la vida que quieres tener. ¡Sí, tú puedes pensar y hacerte rico!

Sin pensamiento, no hay progreso, y sin un cambio positivo, la vida no tiene riqueza. Aprende a usar el poder sutil de la influencia de tu mente, ¡y ve siempre tras el oro! Sin embargo, reconoce también que el oro no es permanente. Así que las experiencias de la vida son condiciones y tú haces el condicionamiento todos los días con los pensamientos que guardas en tu mente. Ahí está el verdadero oro. Eso es lo que puedes llevar al banco. ¿Su valor? No tiene precio.

¿Cómo controlar la actitud mental?
Dr. Napoleón Hill

Los puntos de partida para controlar la actitud mental son el motivo y el deseo. Nadie nunca hace algo sin un motivo o motivos, y mientras más fuerte sea ese motivo, más fácil será controlar la actitud mental.

Hay varios factores que influyen y controlan la actitud mental, tales como:

1. El DESEO ARDIENTE por alcanzar un propósito determinado, basado en uno o más de los nueve motivos básicos que activan todo emprendimiento humano.

2. Condicionar la mente para que automáticamente elija y lleve a cabo objetivos claros y positivos, con la ayuda de los OCHO PRINCIPIOS ESENCIALES, o de alguna técnica similar que mantenga la mente bien ocupada con objetivos positivos, tanto cuando estamos dormidos, como cuando estamos despiertos.

3. Tener una estrecha relación con personas que nos inspiran a tener participación activa en propósitos positivos, y rehusarte a ser influenciado por quienes tienen una mentalidad negativa.

4. Ejercer autosugestión mediante la cual la mente recibe instrucciones positivas de manera constante hasta que atrae solo aquello que coincide con esas instrucciones.

5. Reconocer, adoptar y usar el privilegio exclusivo que cada individuo tiene para controlar y dirigir su propia mente.

6. Usar esa máquina con la cual la mente subconsciente da instrucciones claras mientras dormimos.

You Can Work Your Own Miracles. Ballantine, 1996, pp. 15-16.

CLAVE 23

"Los últimos cuatro años de mi vida han sido difíciles, pero he aprendido que aplicar los 17 principios de Napoleón Hill es una mezcla potente. Así como en cualquier receta cada ingrediente aporta a un todo sin entregarse por completo, cada principio se entrega a un todo sin darse en su totalidad".

—Michael Frain

Napoleón Hill dijo: "Si después de tres fracasos en determinado emprendimiento, sigues intentándolo, considérate un 'sospechoso' líder potencial en la profesión de tu elección. Si sigues intentándolo después de una docena de fracasos, en tu alma estará germinando la semilla de un genio".

Estas semillas que crecen hasta convertirse en un liderazgo completo solo germinan mediante la acción. Cuando hayas seleccionado las semillas que recibiste hábilmente empacadas en medio de la adversidad y los fracasos que hayas sufrido, entonces tendrás que decidir si has de proceder a sembrarlas y cuidarlas hasta hacer que se conviertan en el éxito que deseas. Cuando has llegado a esta decisión, la fuerza cósmica del hábito empieza a operar y la semilla germina y se incuba en la oscuridad, antes de llegar a ver la luz del día.

Hace poco tuve un problema renovando mi licencia de conducción debido a que mi nombre no coincidía con mis otras identificaciones. Cuando se produjo el error, yo se lo hice saber a la agencia que había emitido la licencia pero se negaron a corregirlo. Así que ahora, después de casi una década de renovaciones, mi licencia fue denegada. En mi segunda visita vine con diferentes tipos de identificación que indicaban cuál era mi nombre "correcto" y no la forma abreviada. Ya estaba preparado y decidido a obtener mi licencia con el nombre correcto antes de irme puesto que no tenía más tiempo para dedicarle a esta diligencia. Con un montón de documentos que incluían mi pasaporte, declaraciones de impuestos, facturas actuales, me acerqué a la agente y de inmediato le indiqué que había traído todo lo que tenía, excepto mi certificado de defunción, y que iba a renovar mi licencia. Habiendo dicho esto, ella supo que yo no me iba a ir sin resultados, y después de haber copiado todos los documentos que llevé, por fin recibí mi licencia renovada por cinco años. ¡Éxito!

La semilla de esta adversidad es que ahora otra vez mi licencia oficial coincide con mi pasaporte y mi tarjeta de seguridad social. Cuando vuelva a necesitar renovar esos documentos en el futuro, todos coincidirán y el proceso será más sencillo. Si hubiera ido a la oficina que cometió el error de impresión, todavía estaría en la fila discutiendo que era la culpa de alguno de sus funcionarios y no la mía. Pero, dada la información que necesitaba para corregir el error, reuní los documentos y me armé de lo que necesitaba. El resultado: mi solicitud fue aceptada y procesada días antes de que mi licencia expirara y ahora me siento como un joven de 16 años de edad por haber logrado algo burocrático sin haber perdido mi viaje.

Así que, como siempre, la acción es la clave del éxito. Cuando la semilla de la renovación se encuentra en su etapa de incubación, es necesario obligar a las plántulas a que se expongan a la luz del día. Cuando lo creas, lo verás, y hasta entonces te alegrarás por la flor que recibas como recompensa por tu perseverancia al hacer el trabajo.

Bendición o maldición
Dr. Napoleón Hill

El fracaso es una bendición o una maldición, dependiendo de tu reacción ante el mismo. Si lo consideras como si fuera un empujón de la mano del destino, animándote a ir en otra dirección, y si actúas consecuentemente con esa señal, es casi seguro que la experiencia se te convertirá en una bendición. Pero es una maldición si lo asumes como una muestra de tu debilidad y lo aumentas haciendo que genere un complejo de inferioridad. La naturaleza de la reacción dará cuenta de tu historia, y el resultado final siempre estará nada más bajo tu control.

Nadie es inmune por completo al fracaso, y todos lo enfrentamos muchas veces en la vida, pero también tenemos el privilegio y los medios para elegir cómo reaccionamos ante el mismo.

Las circunstancias sobre las que no tenemos control tienden a conducir al fracaso, y a veces así sucede, pero nada nos impide reaccionar ante el mismo de la manera más conveniente para nuestro beneficio.

El fracaso es un dispositivo de medición precisa con el cual identificamos nuestras debilidades, proporcionándonos así una oportunidad para corregirlas. En este sentido, el fracaso siempre es una bendición.

You Can Work Your Own Miracles. Ballantine, 1996, pp. 89-90.

CLAVE 24

"Napoleón Hill escribió que todos tenemos imaginación, solo que no todos la usamos. ¡Qué vergüenza! Los estudios muestran que el 90% de nosotros es visual y apenas ve lo que está frente a sí. ¿A qué se debe esto? A que no ponemos a prueba la imaginación".

—Donna Green Sikorski

¿Alguna vez has pensado en cuáles palabras estimulan tu imaginación y te inspiran? Haré una lista de las primeras diez palabras que recuerdo y que considero interesantes. Estas son: excéntrico, gitano, astronave, coincidencia, círculo, fe, flores, corazón de león, creativo y vagabundo. El simple hecho de pronunciarlas y leerlas eleva mis sentidos e impulsa mi imaginación más allá de mis límites normales.

A continuación, lee la manera en que intento incluirlas en un párrafo. Aquí va:

"La gitana vagabunda usó su imaginación creativa y visualizó una astronave llena de excéntricas formas de vida compuestas por flores circulares que por coincidencia se asemejaban a la fe que corazón de león poseía en su habilidad para predecir el futuro".

Loco, ¿verdad? Bien, ahora inténtalo tú. Haz una lista de las diez primeras palabras que vengan a tu cabeza y que te parezcan interesantes, y luego escribe una frase utilizándolas todas. Cuando termines, evalúa lo que has escrito. ¿Qué sacaste de tu imaginación creativa que se encuentre a la espera de ser explotado? Lo más probable es que no escribas la frase más profunda, ni una oración gramaticalmente correcta, pero cuando leas lo que has escrito, encontrarás algo nuevo. Este también podría ser tu "yo superior" que el Dr. Hill menciona en sus escritos. Utiliza técnicas como esta para estimular un poco más tu habilidad creativa y así profundizar en tu mente y extraer lo que esté listo en tu interior para salir a la luz.

En mi ejemplo, yo quizá debería investigar sobre los gitanos y explorar sus orígenes y estilos de vida. Tal vez debería escribir una historia sobre la vida de un vagabundo. O a lo mejor tendría que tomar una bola de cristal en la mano, atarme un cinturón, ponerme un pañuelo en mi cabeza, y crear un personaje de Halloween con el que tenga la opción de explorar una personalidad alternativa. No importa cuál sea la idea o el sentimiento que te surjan, síguelos hasta el final y utilízalos para estimular tu imaginación creativa. Ni tú sabes a dónde vas a llegar, pero cuando muerdas el anzuelo, espera una gran pesca.

Los barcos anclados permanecen seguros, o por lo menos eso dice el dicho, sin embargo todos sabemos que no han sido hechos para quedarse allí. Zarpa y descubre nuevas tierras e intereses al interior de tu ser desconocido. ¡Me pregunto qué nuevas tierras descubrirás hoy!

Sé tu propio maestro
Dr. Napoleón Hill

Aprecia tus visiones y tus sueños. Son el fruto de tu alma, los planos de tus logros finales.

El Creador te hizo una criatura con la capacidad de pensar por tu cuenta, ser independiente, creer en lo que quiere alcanzar, ¡y lograrlo con poder! Haz algo menor que esto y es probable que no logres alcanzar la plenitud en toda tu gloriosa humanidad.

La mente del hombre está llena de poderes que debemos utilizar en lugar de olvidarlos. Tienes toda la facultad de usarlos y compartir sus beneficios con los demás, o incurrir en sanciones por no hacer uso de ellos.

Si necesitaras una casa y supieras cómo construirla, y además tuvieras todos los materiales necesarios y un lote donde hacerla, pero te rehusaras a poner manos a la obra, entonces comprenderías tu sanción cuando te vieras expuesto a la lluvia y a la nieve.

Muchos no usamos nuestro poder para acumular las riquezas y la paz interior que tenemos a disposición por todas partes. Luego recibimos la sanción en forma de pobreza, miseria, preocupación y mala salud, y culpamos a todo el mundo menos a nosotros mismos.

La mente humana lograr todo aquello en lo que cree:

Cree en la pobreza y serás pobre.

Cree en la riqueza y serás rico.

Cree en el amor y tendrás amor.

Cree en la salud y serás saludable.

Grow Rich! With Peace of Mind. Ballantine, 1996, p. 234.

CLAVE 25

"Los agricultores son un excelente ejemplo de quienes se dedican a trabajar desde el amanecer, cuando el gallo canta, y se retiran a descansar cuando el sol se oculta. Una de las razones por las cuales lo hacen se debe a que ellos trabajan con la naturaleza, donde las normas y principios están establecidos por el orden divino.

La otra razón es porque simplemente aman y disfrutan lo que la naturaleza tiene para ofrecerles cada día".

—Loretta Levin

Napoleón Hill escribió: "¡El poder de los diecisiete principios no está en los principios, sino en aplicarlos y usarlos! Cuando los aplicamos, estos cambian la 'química' de la mente pasándola de una actitud mental negativa a una positiva. Esta actitud mental positiva es lo que atrae el éxito, llevándonos a alcanzar las doce riquezas". El Dr. Hill también dijo que los principios son comparables a las letras del alfabeto, se combinan entre sí para expresar nuestros pensamientos.

Considera aplicar el "alfabeto" al hábito de ir la milla extra. Comienza con la letra "A", escríbela en un trozo de papel y al frente escribe algo que harás para ir la milla extra que comience con esa letra. Luego prosigue con el resto de las letras. Empieza con una palabra de acción y cuando termines la lista procede de inmediato con las tareas que acabas de establecer para ti mismo.

El siguiente es un ejemplo de cinco pasos en orden alfabético para impulsarte a organizar tu oficina:

- Arreglar mi escritorio para que sea fácil trabajar en él.
- Buscar un archivo de escritorio para ordenar mi trabajo diario.
- Comunicarles verbalmente a mis compañeros de trabajo sus tareas diarias.
- Dividir la lista de "pendientes" en importante y poco importante.
- Ejercitarme movilizándome por la oficina cada hora.

Ya tienes la idea. Ahora comienza por hacer tu propia lista en orden alfabético de tareas destinadas a establecer una rutina productiva de algo que quieras lograr. Sigue proponiendo ideas hasta que la lista esté completa.

Otro método a utilizar después de completar la tarea, es preguntarle a tu "yo superior" ¿qué es lo que debes hacer a continuación? Siempre tendrás una respuesta inmediata. El resultado está en el hacer y finalizar la tarea, y no en analizarla demasiado, o pensar mucho en ella.

Algunos juegos sencillos te ayudarán a comenzar, y pronto estos elementos de estímulo se convertirán en hábitos que te servirán para el resto de tu vida.

Las ventajas del hábito de ir la milla extra

Dr. Napoleón Hill

Este hábito hace que tengas la atención favorable de quienes tienen los medios para darte oportunidades de superación, y de hecho lo harán:

- Tiende a hacerte indispensable en diferentes relaciones, permitiéndote así recibir retribuciones por encima del promedio gracias a tus servicios personales.
- Conduce a un crecimiento mental, así como de habilidades físicas, y a la perfección en muchas tipos de emprendimiento, aumentando tu capacidad de ganancia.
- Te protege contra la pérdida de empleo cuando es escaso, y te pone en una posición de mando en cargos selectos.
- Te permite obtener ganancias según la Ley de Contraste, debido a que la mayoría de personas no practica este hábito.
- Conduce al desarrollo de una actitud mental positiva agradable, la cual es esencial para enfrentar el éxito.
- Tiende a desarrollar una imaginación aguda y alerta porque es un hábito que te inspira a buscar con frecuencia nuevas y mejores formas de servir.
- Desarrolla la valiosa cualidad de iniciativa personal.
- Produce autoconfianza y valor.
- Sirve para que los demás desarrollen confianza en tu integridad.
- Ayuda a dominar el destructivo hábito de la procrastinación.

CLAVE 25

¤ Desarrolla un propósito definido, asegurando lo opuesto al común hábito de no tener rumbo.

The Master-Key to Riches. Fawcett Crest, 1965, pp. 60-61.

CLAVE 26

"El laberinto es un patrón que por miles de años se ha utilizado como forma kinestésica de meditación. Tu cuerpo y tu mente se abren mientras intentas seguir el camino que te lleva a tu rumbo. Tomar tiempo para meditar suele darte un momento de transformación en el que debes cambiar o reorganizar todo para dar espacio a la visión o inspiración que recibas".

—*Uriel Martínez*

El Dr. Hill dijo que la visión creativa es resultado de un propósito bien definido y tiene en su base el espíritu del Universo, el cual se expresa por medio de nosotros. También dijo que la visión creativa no reconoce algo como la periodicidad de las horas de trabajo ni se preocupa por la compensación monetaria, y su objetivo principal es hacer lo imposible. ¡Vaya! ¡Es un gran cumplido cuando alguien te dice que eres creativo! Teniendo en cuenta todo lo anterior, ¡si eres creativo, esa cualidad te convierte en un hacedor de milagros!

La creatividad exige respeto. Cuando un creador, un pequeño "c", comienza a trabajar en un proyecto, el resto de nosotros debe mantenerse al margen y dejar que el Creador, el Gran "C", haga el trabajo por medio de la persona que está llevando a cabo el proyecto, que incluso podemos ser nosotros mismos, si somos ese pequeño creador. Por ejemplo, cocinar implica creatividad, no solo en la preparación del plato, sino también en la selección de la receta, en la recreación de la misma en nuestra mente, y luego al llevarla a la realidad. La creatividad es un trabajo, solo que no es una obra que se hace visible de inmediato. Todos podemos ser creativos, la creatividad está en nuestra esencia desde que nacemos, pero quizá debemos experimentar con ella para encontrar nuestro mejor medio creativo.

Todo trabajo permite creatividad. Si eres artista, cocinero, modista, jardinero, músico, escritor, o practicas cualquier otra profesión, la creatividad es tu imaginación en funcionamiento. Utiliza este talento innato para tu beneficio.

En primer lugar, identifica tu capacidad creativa. En segundo, cree en ella. En tercero, ¡explótala! La creatividad siempre funciona de adentro hacia afuera. El Dr. Hill nos recuerda que "la visión creativa se desarrolla mediante el uso libre y sin miedo de la imaginación". A nosotros nos corresponde poner en práctica la creatividad en el mundo de los talentos existentes que el Creador nos dio al nacer. En esencia, recibimos el don, y nuestra tarea en esta tierra consiste en encontrar la mejor manera de utilizarlo. Comienza ahora y observa cómo se dan los milagrosos resultados.

El espíritu del Universo
Dr. Napoleón Hill

La visión creativa se extiende más allá del interés en lo material. Juzga el futuro según el pasado y se preocupa por el futuro más que por el pasado. La imaginación está influenciada y controlada por los poderes de la razón y la experiencia pero la visión creativa los hace a un lado y alcanza sus fines básicamente con nuevas ideas y métodos.

Mientras la imaginación reconoce las limitaciones, los obstáculos y la oposición, la visión creativa pasa sobre ellos como si no existieran y llega a su destino. La imaginación está entronada en el intelecto. La visión tiene su cimiento en el espíritu del Universo, expresándose por medio del cerebro del hombre.

PMA Science of Success Course, Educational Edition. Napoleon Hill Foundation, 1961, p. 411.

CLAVE 27

"La mayoría de personas comprende rápidamente que si procrastina, está posponiendo resultados, y entonces desea curarse de ese hábito; yo les recomiendo que memoricen estas dos palabras: "Hazlo ahora", y las repitan cincuenta veces en la mañana y cincuenta veces por la noche, con entusiasmo y con rapidez, durante una semana o diez días hasta que queden bien arraigadas en su mente subconsciente para los tiempos de necesidad; así, cuando alguien las necesite, se pondrán de inmediato en acción".

—*W. Clement Stone*

El sicólogo francés Emile Coué le dio al mundo una sencilla fórmula para mantener una conciencia de buena salud. Él recomendaba la repetición diaria de esta frase: "Todos los días, en todos los sentidos, estoy mejorando más y más". Cuando la mente subconsciente recibe el mensaje y actúa en consecuencia, el resultado es buena salud. El lado opuesto de la moneda es la afirmación: "Si crees que estás enfermo, entonces lo estás".

¿Cuál posición quieres adoptar? Nuestra mente no puede tener dos pensamientos opuestos al mismo tiempo. La idea que predomina es la que literalmente impacta nuestra mente subconsciente y atrae las poderosas acciones involuntarias que producen cambios a nivel celular. Si recordamos la sencilla frase: "Los pensamientos son objetos", en nuestro interior sabremos que nos convertimos en aquello en lo que pensamos.

A menudo me sorprende ver cómo la gente hace fila para recibir un diagnóstico respecto a sus dolencias, pero fracasan en actuar con eficiencia respecto al plan de tratamiento. La enfermedad comienza de forma invisible a un nivel sutil. Y cuando ya se llega a un diagnóstico, la persona tiene un largo camino de regreso por recorrer a fin de revertir el proceso. ¿Por qué no empezar con mecanismos de prevención? Estos "tratamientos" son tan sencillos como la imaginación guiada, la relajación, la meditación, masajes, aromaterapia, caminar, tener una nutrición adecuada, etc. Si tomas la iniciativa y comienzas a sanar cuando el problema es tal vez apenas un pensamiento de angustia, no tendrás que preocuparte por obtener un diagnóstico médico. Controla tus pensamientos, controla tus emociones, ¡y así controlarás tu destino! Ten pensamientos saludables, alegres, y grandiosos todos los días.

Autosugestión

Dr. Napoleón Hill

La autosugestión es el medio por el cual cada persona estimula su mente de manera continua. Desafortunadamente, la mayoría de estímulos que se utilizan son de naturaleza negativa. Estos consisten en pensamientos de condiciones y cosas no deseadas, como temores, preocupaciones, odios, envidias, codicia y superstición.

Las personas más exitosas utilizan la autosugestión como un medio para alimentar su mente con pensamientos de cosas y circunstancias que desean, incluyendo una conciencia de salud.

Observa el principio de autosugestión y evalúalo con atención ya que es el mensajero que te trae buena salud o enfermedad, es el medio por el cual el hipocondríaco envenena su propia mente desde adentro al creer en enfermedades que no existen más que en su cabeza.

Observa también la autosugestión porque es el principio mediante el cual le transmites a tu mente subconsciente una imagen clara de cuál es tu objetivo principal en la vida.

La religión, independiente de cuál sea, es un estimulante mental del más alto y noble nivel. Creer en la "inteligencia infinita" no tiene reacciones negativas y fomenta la buena salud física más que cualquier otra creencia.

Come bien, piensa bien, duerme bien, juega bien, y vas a ahorrar el dinero que gastas en médicos para usarlo en tus vacaciones.

Cuando el mundo sea en verdad civilizado, la religión dominará todas las relaciones humanas, será la compañía del hombre cuando vaya a su trabajo y lo sostendrá en casa mientras juega. Será su guía los siete días de la semana, ¡y él no solo creerá en ella, sino que vivirá por ella! Vivirá según el credo de lo que es correcto.

PMA Science of Success Course, Educational Edition. Napoleon Hill Foundation, 1961, p. 456.

CLAVE 28

"Tras una carrera sanando personas con lesiones y enfermedades, sé muy bien que la vida suele ser desequilibrada. Muchos de nosotros asociamos la sanidad con médicos y hospitales, y no nos damos cuenta que en nuestro interior tenemos el poder para cambiar nuestra realidad. La autosanación está disponible para todos, en cualquier momento, solo debemos tener fe y actuar".

—Laura Dietrich-Lake

La vida es demasiado corta como para tener adversidades tan devastadoras que no podamos recuperarnos de ellas. ¿Alguna vez has tenido una adversidad así, o creíste tenerla? Supongo que la mayoría de lectores de hoy responde con un gran "¡sí!" a ambas preguntas. Ya sean reales o imaginarias, todos hemos experimentado situaciones malas que han opacado cualquier esperanza de solución mientras estamos en medio de ellas. Para recuperarnos y avanzar necesitamos que suceda una verdadera experiencia fuera de nuestro cuerpo físico. Con esto quiero decir que necesitamos hacer que en nuestro interior haya acción para superar, trascender, rodear o atravesar aquello que nos ha encadenado de momento. Se requiere de acción, y mientras más pronto actúes, mejor. La sola acción nos impulsará hacia otro tiempo y espacio. Debemos dejar de mirar hacia adentro y empezar a observar las estrellas para avanzar y convertirnos en los seres superiores de los que el Dr. Hill habló.

Hace poco vi un letrero que decía: "No mires hacia atrás. No vas en esa dirección". En esas dos frases cortas se nos anima a recordar que la vida debería estar enfocada en el futuro y no arraigada en el pasado. Si "vivimos" en el pasado, nos perdemos del presente y de aquellos dones que tiene para nosotros. Creo que deberíamos honrar el pasado por haber contribuido para que creáramos nuestra realidad actual, pero si nos quedamos atrapados ahí, nuestra vida no reflejará nada nuevo.

Así como la mariposa sale del capullo transformada, nosotros también necesitamos dejar nuestro pasado después de haberlo vivido.

Una prescripción para el éxito
Dr. Napoleón Hill

La educación, las destrezas y la experiencia, son activos útiles en cada vocación, pero tendrán poco valor para el hombre que, como el árabe del desierto, recoge su tienda y en silencio se retira ante la derrota. La corriente del río del éxito de la vida se lleva la fe y la determinación del hombre que tiene un propósito principal bien definido, pero aun así, él no va a permanecer ahí por mucho tiempo pues su reacción mental ante la derrota será tan fuerte como para llevarlo de vuelta a la orilla del éxito a la que pertenece por derecho.

En medio del fracaso y la adversidad, muchos hombres han encontrado oportunidades que no habrían reconocido si hubieran estado en circunstancias más favorables.

La actitud mental de un hombre ante la derrota es el factor más importante que determina si navegará con la marea de la fortuna hacia el lado del éxito en el río de la vida, o si la corriente lo llevará hacia el lado del fracaso debido a las circunstancias de la desgracia.

Las circunstancias que diferencian el fracaso del éxito suelen ser tan tenues que ignoramos su verdadera causa. A menudo solo existen en la actitud mental con la que enfrentamos la derrota temporal. Las personas con una actitud mental positiva reaccionan ante la derrota con un ánimo decidido a aceptarla y enfrentarla. Y aquellas con una actitud mental negativa reaccionan ante la derrota con un ánimo de aceptación resignada.

PMA Science of Success Course, Educational Edition. Napoleon Hill Foundation, 1961, pp. 395-396.

CLAVE 29

"No importa cuán pequeño fuiste al llegar a este mundo. Lo que importa es cuánto has crecido cada día de tu vida.

Se necesita mucha autodisciplina para vivir cada día de tal manera que crezcas espiritual, intelectual, económica y socialmente".

—Virginia Ward

La abundancia de verano ya está aquí y todo el tiempo me asombra la prolífica producción de la naturaleza. Tengo un árbol enano de melocotón que este año produjo más de 700 melocotones. Esa cosecha contiene las semillas para todo un huerto de melocotoneros. Y, dentro de la manzana que hoy comí en el almuerzo hay casi 15 semillas, que al sembrarse producirían manzanas en abundancia. ¡Increíble!

Si miramos bien, siempre detectamos el macrocosmos en el microcosmos. El huerto escondido en una sola manzana, el bosque de árboles de melocotón producido por un solo árbol, así como el alcance tan amplio que tiene el hecho de hacerle el bien a otra persona. Aquí reside uno de los misterios más profundos del Universo. Lo que hacemos por los demás, no solo vuelve a nosotros como bendición o maldición recíproca, sino que también cambia el mundo. Es como la magia en la semilla.

Muchas veces sentimos que lo que hacemos por los demás no tiene importancia. Damos por sentado tanto el bien como el mal y empezamos a creer que nuestros pensamientos y acciones no marcan una diferencia significativa, pero nada está más lejos de la verdad. La energía del pensamiento y la acción que ponemos en marcha dentro de nuestro pequeño mundo, no solo nos cambia a nosotros, sino también a quienes están cerca y lejos. Al crear nuestro pequeño mundo, creamos conjuntamente el mundo más amplio que nos rodea.

Ya sea que se trate de ondas que se replican en un estanque, de un sonido que resuena en un ritmo, o de una tierna y tranquilizadora palmadita en la mano, todas nuestras acciones producen más de lo que nos imaginamos. Necesitamos tener percepción extrasensorial para ver más allá de lo común.

Por supuesto, es difícil seguir la trayectoria de cada pensamiento y acción que surjan de nosotros, pero si pudiéramos, sería de gran beneficio. El simple hecho de saber cuán rápido nuestros pensamientos y acciones tienen el poder de transformarnos tanto a nosotros como a los demás, nos lleva a considerar los resultados. Por eso piensa antes de hablar. Observa. Escucha. Sé cuidadoso. Cuando comprendemos que lo que exteriorizamos es contagioso, ¡lo primero que deberíamos considerar es si vale la pena exteriorizarlo!

Tu magnífica obsesión
Dr. Napoleón Hill y W. Clement Stone

Mientras más das, más recibes.

Ahora bien, si lo dudas, demuéstratelo a ti mismo al dar una sonrisa a todos los que conoces, al brindar una palabra amable o una respuesta placentera, al agradecer de corazón, al animar, estimular, ofrecer esperanza, dar honor, crédito y aplausos, tener buenos pensamientos, mostrar amor a tu prójimo, dar felicidad, hacer una oración por los impíos y los justos, y dar tiempo para una buena causa, y hacerlo con entusiasmo.

Si experimentas dando cualquiera de las acciones sugeridas en esta lista, también comprobarás lo que hemos encontrado que es uno de los principios más difíciles de enseñar a quienes más lo necesitan: cómo provocar acciones deseables en tu interior. Si no lo aprendes, no podrás comprender que lo que te queda cuando compartes con otros se multiplica y crece, mientras que lo que retienes, se disminuye y se desvanecerá. Por lo tanto, comparte lo que es bueno y deseable, y retén lo malo e indeseable.

Success Through a Positive Mental Attitude. Prentice-Hall, 1960, pp. 165-166.

CLAVE 30

"Cuando nos tomamos el tiempo para hacer una pausa y escribir nuestros pensamientos, se nos facilita ver qué tipo de actitud tenemos. ¿Con cuánta frecuencia nos sentimos optimistas o pesimistas respecto a algunos temas específicos? ¿Cuán automáticas se han vuelto nuestras respuestas ante determinados temas?".

—Uriel Martínez

Una popular canción de los Bee Gees se titula: *No son más que palabras.* La letra de esa canción dice: "No son más que palabras / y lo único que tengo son palabras / para tomar tu corazón". ¿Cuántas veces nuestras palabras han sido todo lo opuesto al sentimiento de esa canción? Las palabras tienen la facultad de herir y de curar. Las críticas superan ampliamente a los elogios cuando se trata de motivar a alguien. Sin embargo, las investigaciones revelan que las críticas no funcionan. De hecho, las críticas provocan estancamiento e intensifican de forma negativa la situación. ¿Qué debe hacer una persona cuando su lenguaje en sí es una forma poco efectiva de comunicación?

Una idea es prestar atención a las palabras que utilizamos al comunicarnos con los demás. Para que haya comunicación, debe haber un emisor y un receptor. Ambas partes deben estar comprometidas con el proceso y permanecer abiertas a una comunicación honesta. Si no hay receptividad ni retroalimentación, entonces no hay intercambio de ideas. La persona que no responde, o apenas retiene algún comentario, no se está comunicando. Dar y recibir es algo esencial en una conversación. No es un acto de una sola vía. Todos hemos escuchado la queja: "Debería más bien hablarle a la pared". Con mucha frecuencia nos hemos sentido así cuando se presenta una ruptura en la comunicación. Tal vez nuestras propias palabras necesiten un cambio total. Quizás hay demasiado "yo" y no hay suficiente "nosotros". Es probable que las palabras connoten o denoten algo desagradable para el oyente. O tal vez nuestro vocabulario necesita ser refinado.

El vocabulario de actitud mental positiva no da opción para elegir palabras tóxicas. Esto no quiere decir que estas palabras no existan, sino que una persona elige conscientemente no utilizarlas. Así como tenemos una huella ecológica debido a cómo vivimos nuestra vida "verde", también podemos tener una huella de actitud mental positiva. El refrán dice: "Haces realidad aquello en lo que piensas". Más aún, las palabras que digas pueden alejarte o acercarte paso a paso a tu meta definitiva. ¿En qué sentido vas?

Cómo dinamizar tu mente subconsciente para que se esfuerce creativamente

Dr. Napoleón Hill

Por ahora es suficiente si recuerdas que estás viviendo cada día, en medio de toda clase de impulsos del pensamiento que llegan a tu mente subconsciente, sin que los percibas. Algunos de estos impulsos son negativos, otros son positivos. Ahora estás ocupado tratando de cerrar el flujo de impulsos negativos, y ayudando a influir voluntariamente tu mente subconsciente, mediante impulsos positivos de deseo.

Cuando lo logres, tendrás en tu poder la llave de acceso a tu mente subconsciente. Además, también tendrás tal control sobre esa puerta, que ningún pensamiento no deseado podrá influir tu mente subconsciente.

Todo lo que el hombre crea comienza como un impulso de pensamiento. El hombre no puede crear nada que no haya concebido primero en sus pensamientos. Mediante la ayuda de la imaginación, los impulsos de pensamiento empiezan a convertirse en planes. Cuando controlamos la imaginación, aprendemos a utilizarla para diseñar planes o propósitos que conduzcan al éxito en nuestros propósitos.

Todos los impulsos de pensamiento, destinados a transmutar en su equivalente físico, y que hayan sido plantados voluntariamente en la mente subconsciente, deben pasar por la imaginación y mezclarse con fe. Es solo por medio de la imaginación que podemos "mezclar" la fe con el plan o propósito, destinados a ser presentados ante la mente subconsciente.

Con esto, fácilmente notarás que el uso voluntario de la mente subconsciente convoca la coordinación y la aplicación de todos los principios.

Think and Grow Rich. Ballantine, 1960, p. 179.

CLAVE 31

"¿Cómo haces para pensar a largo plazo y crear símbolos internos con armonía en tu vida y tu empresa? ¿Cómo logras desarrollar esa visión en tu empresa y haces que ese proceso sea una ventaja competitiva en el mundo de hoy? Esta alianza requiere armonía, una visión bien definida, y un "ejército" de asesores mentales como la gratitud, la fe, el amor, el comportamiento, la esperanza, la paciencia y la sabiduría".

—Jamil Albuquerque

Una alianza maestra hace que los participantes trabajen en perfecta armonía por el bien común de la meta del grupo. En la vida, la mayoría de trabajos no los realiza una sola persona. Todos sabemos algo, pero una sola persona no lo sabe todo, ni lo hace todo. Para tener éxito, lo que debemos hacer es convertirnos en expertos en el área de nuestra preferencia. Esto sí es posible. Es por eso que para dominar determinado oficio o técnica, las otras oportunidades deben convertirse en caminos no conocidos. Hacer algo muy bien es un arte, hacer muchas cosas con la misma experiencia es altamente improbable y poco práctico. Es mejor delegar o compartir con otros aquello a lo que no estamos acostumbrados ni para lo que somos calificados para hacer. Ya sea odontología, cirugía, terapia, u otra profesión u oficio, la mayoría de nosotros necesita un genio para desarrollar todos estos y otros servicios.

Al mantener nuestra vida exterior, usamos servicios que nos ayudan a realizar trabajos. Según el Dr. Hill, así también es nuestra vida interior. Si tuviéramos que supervisar el funcionamiento de los sistemas de nuestro cuerpo, todo el día estaríamos ocupados con la circulación sanguínea, la digestión, la respiración, la eliminación, etc. Sin embargo, no tenemos que hacerlo porque el sistema nervioso autónomo lo hace por nosotros. Por ejemplo, la respiración no es algo que debemos recordar al hacer cada inhalación y exhalación. Sucede de forma espontánea. Y cuando no es así, se convierte en lo único en lo que podemos pensar.

El Dr. Hill considera que es una muy buena idea delegar de forma consciente "príncipes" que se hagan cargo de todo aquello que nosotros mismos no podemos atender o controlar en forma directa. Por ejemplo, el deber del príncipe de paz mental es mantener la mente libre de todo tipo de miedo y fuente de preocupación. El deber del príncipe de la buena salud es mantener el cuerpo físico sano y eficiente en todo momento. En este sentido, nos liberamos de preocupaciones extrañas que podrían agotar nuestras ideas creativas por estar vigilando preocupados.

Creo que una idea razonable es dirigir nuestro pensamiento a un "príncipe" que se haga cargo y pedirle que lo guarde, por así decirlo, para no tener que hacerlo nosotros mismos. De esta manera, este encargado le informa a nuestra mente consciente que estamos cumpliendo y ocupándonos de lo importante. A su vez, así se quita de nuestra mente lo cotidiano y nos libera para tener

pensamientos más elevados sin sentirnos negligentes. Mi consejo
es: ¡si funciona, úsalo!

Cómo hacer uso práctico de la mente maestra compacta

Dr. Napoleón Hill

1. Familiarízate con las nueve guías invisibles, tal como si fueran personas reales de carne y hueso, y habla con ellas en el mismo tono de voz amigable que usas cuando hablas con tus amigos cercanos.

2. Exprésales tu gratitud al finalizar cada día, justo antes de irte a dormir, agradécele a cada una el servicio que te ha prestado durante el día, el servicio que dará mientras duermes, y el servicio que te proporcionará mañana.

3. Antes de comenzar cualquier plan o buscar cualquier objetivo o finalidad, pídeles a las guías que condicionen tu mente para finalizar con éxito tu actividad, y agradéceles de antemano por darte la bendición de triunfar.

4. Si tienes alguna duda respecto a cualquier plan o propósito que tengas en mente, antes de tomar una decisión, pídeles a las guías de toda sabiduría que te instruyan.

5. Antes de comenzar alguna negociación con otras personas en relación con tu trabajo, empresa o profesión, pídeles a tus guías que condicionen la mente de aquellos con quienes estás considerando iniciar esa relación para que tengan buena voluntad hacia ti. (Si haces parte de algún tipo de actividad de ventas, y si adoptas con honestidad este hábito, esta práctica obrará milagros en tu favor).

6. Cree que tus guías te concederán todas las peticiones que les hagas, y todos los servicios que les solicites. (Pero no

pidas ningún tipo de servicio que implique perjuicio, daño o pérdida de cualquier tipo para otra persona).

7. Los principios guías solo funcionan por gratitud, así que exprésales tu agradecimiento, antes y después de que te sirvan.

8. Esta mente maestra compacta te da el privilegio de sintonizarte con el éxito que sugiere el Dr. Napoleón Hill, así que termina todas las peticiones de servicio que les hagas a las guías con una expresión de gratitud por este privilegio.

9. Los resultados que vas a experimentar por la alianza entre la mente maestra y las indicaciones del Dr. Napoleón Hill se harán evidentes en la misma proporción que desarrolles tu fe en su eficacia.

10. El principio de la mente maestra compacta tiene un sólido fundamento científico y no interfiere de ninguna manera con las creencias religiosas de nadie, puesto que su esencia se basa en la fe, y el poder de la fe es un elemento esencial aceptado en todas las religiones.

Artículo no publicado de los archivos de Napoleón Hill, Hammond, IN.

CLAVE 32

"Los automotivadores son la clave del 'sistema de éxito que nunca falla'. Cada uno es una declaración de hecho o un mandamiento. Ya han afectado tu mente subconsciente y seguirán haciéndolo cada vez que los repitas. Sería bueno que memorizaras los que crees que son más significativos para ti".

—W. Clement Stone

Las mentes tranquilas producen los mejores resultados. La preocupación nos desvía de nuestra misión. Cuando logramos concentrarnos exclusivamente en un solo evento o proceso, nos dedicamos a esa actividad y concentramos nuestras mejores destrezas de pensamiento en hacer con eficacia la tarea o el trabajo. El tiempo también pierde relevancia a medida que nos movemos en el flujo eterno de la actividad sin prestar atención al trascurso del reloj. Pasan las horas como si fueran minutos, y, a veces, en cuestión de minutos logramos algo que antes habríamos hecho en horas, si hubiéramos estado haciendo varias actividades a la vez.

Un truco que me gusta usar cuando mi "mente de mono" no permite que me concentre, es entretenerla con una lista de ideas o pensamientos escritos que en definitiva no se irán y continuarán exigiendo mi atención. Quizás olvidé enviar un saludo de cumpleaños, dejé la ropa demasiado tiempo en la tintorería o no programé en mi agenda mi próxima cita en el médico. Le doy un poco de atención a ese pensamiento o idea al escribirlo, prometiendo que lo revisaré con más atención más tarde. En algún momento esta preocupación se detiene a medida que me concentro más en lo que estoy haciendo, y es una manera de aliviar el constante deseo de hacer múltiples tareas y lograr muy poco o nada al final. Por lo general, mi atención se divide cuando no disfruto lo que debo hacer por obligación. Pero controlo el impulso de renunciar para hacer algo más atractivo al tener una lista a mi lado. Este recurso le dice a mi otro yo que las distracciones y los desvíos no van a funcionar. La meta es seguir con el trabajo hasta terminarlo.

La paz mental no la obtenemos sin esfuerzo. Para lograr serenidad y silencio, y disfrutar del eterno presente, debemos recordarnos a nosotros mismos que esta práctica es como nuestra fuente de la eterna juventud. Es un masaje para nuestra alma cuando nos damos tiempo para simplemente ser. Ser es lo que somos, seres humanos, y no como dice el refrán, obras humanas. Con esto en mente, te deseo el tiempo justo para estar presente en el momento, y darte la agradable serenidad de relajarte en la belleza de cada precioso momento de tiempo que te ha sido dado en el aquí y ahora.

La paz mental y el poder de la mente

Dr. Napoleón Hill

Dado que tus logros en la vida dependen de lo que concibes en un principio, y esto depende en esencia de tu confianza fundamentada en tu subconsciente, comprenderás que tu vida depende de tu poder para creer.

No, tus procesos de vida no dependen de este poder. El Eterno lo ha hecho posible mediante el logro supremo de la evolución, seguir con vida incluso sin saber que se está vivo. El latido del corazón, el bombeo de los pulmones, los procesos de digestión y otras funciones vitales, los atiende una parte del cerebro que se cuida a sí misma.

Además de esto, el hombre crea una especie cada vez mejor. Aspira, alcanza las alturas de su aspiración. Y al ver alturas aún más elevadas, vuelve a aspirar y llega a ese pico, y más allá de ese encuentra otro y otro.

Así mismo, los filósofos siempre han reconocido el poder de la mente tranquila, de la paz mental, la cual no se asemeja en nada a una mente vacía y sin aspiraciones, sino que más bien es una mente que sabe contener, juzgar y evaluar las aspiraciones más elevadas. La mente tranquila tampoco es propiedad exclusiva de alguien que no se mueve por el mundo ni se ocupa con los múltiples asuntos de su existencia, puesto que algunas de las mentes más tranquilas son las más ocupadas. Recuerda, hablamos de paz interior como un centro silencioso alrededor del cual todo gira como un gran dínamo que hace un trabajo útil y lleno de energía, pero que siempre refiere su rotación según el eje inmóvil en su centro.

Una mente en paz es una mente libre para imaginar mucho. En su subconsciente, no guarda ningún conflicto tan grande que estorbe a la mente consciente, así como a la acción consciente. Una mente en paz es una mente libre. Su poder no tiene límite.

Grow Rich! With Peace of Mind. Fawcett, 1967, pp. 203-204.

CLAVE 33

"La adversidad, durante los tiempos difíciles de la vida, siempre trae consigo una semilla de beneficio equivalente. A veces es difícil ver los beneficios de inmediato, pero más adelante se harán evidentes, incluso años después cuando recuerdes los acontecimientos. Las crisis de la vida abren puertas a las oportunidades".

—Dori Naerbo

La mala salud no es algo que cualquiera de nosotros espera o desea para esta vida. Los ajustes o alineaciones que nos llevan de vuelta a nuestro rumbo son esenciales para poder seguir operando a un nivel óptimo. Al pensar en cuestiones de salud a menudo nos concentramos en la enfermedad, cuando nuestro principal objetivo debería ser el bienestar. El costo de la enfermedad no debería superar el costo del bienestar. Con esto quiero decir que una persona debe hacer tanto énfasis en mantenerse sana así como lo hace para sanarse de una enfermedad. El dicho: "Es mejor prevenir que curar", se aplica perfecto al tema de la salud porque cuando detectamos algún síntoma y decidimos tomar cartas en el asunto desde el comienzo, podemos dedicar más tiempo a mantener buena salud y disfrutar de ella.

También es importante tener en cuenta los problemas de salud mental. Cuando en nuestra vida las circunstancias parecen estar fuera de lo normal, tal vez no estamos en completa sintonía con lo cotidiano y descuidamos practicar todo lo que necesitamos para mantener estable la salud mental. Una persona puede tener problemas personales, estar en dificultades financieras, sentirse emocionalmente afectada, o tener reacciones poco comunes que podrían ser alarmas para quienes la rodean. ¿Es depresión, un problema hormonal, o algo más grave? Una cosa es estar de mal humor uno o dos días, pero si hay actitudes que no coinciden con el comportamiento "normal", entonces es necesario prestarle más atención a la persona antes de que ocurra algo más grave. Y para su bienestar es mejor intervenir en el asunto, en caso de que el enfermo no pueda o no esté dispuesto a hacerlo por sí mismo.

Darnos tiempo para descansar, pensar y renovarnos, es de gran importancia para mantener una salud óptima. El simple hecho de tomar tiempo todos los días para descansar y hacer una pausa antes de nuestra siguiente tarea, nos da el receso necesario que contribuye a nuestra salud física y emocional. Hazte un favor: concédete esas garantías todos los días. Recuerda que sin salud, la vida es mucho más difícil.

"Falta de paz" mental
Dr. Napoleón Hill

A mis sesenta y tantos años de edad he tenido el placer de ver que los médicos cada vez les prestan más atención a las enfermedades sicosomáticas, o malestares corporales que se originan en la mente. Sin embargo, desde los comienzos de la historia del hombre, ha sido evidente que casi todas nuestras enfermedades las causa la falta de paz mental. La siguiente es una lista parcial de los síntomas que suelen surgir a partir de conflictos, temores y tensiones mentales:

- Dolor de cabeza
- Indigestión
- Úlceras
- Dolores artríticos
- Fatiga constante
- Insomnio
- Heridas que no sanan rápido
- Problemas del riñón
- Problemas de circulación
- Frigidez
- Impotencia
- Erupciones cutáneas y otras dolencias en la piel
- Infecciones en la boca
- Trastornos rectales
- Calambres musculares
- Y más...
- Y más...

Luego están los muchos trastornos mentales que van desde tensión nerviosa extrema hasta la locura absoluta, los cuales suelen tener su origen o empeorar debido a una mente que lucha contra sí misma. La lista de enfermedades que se pueden desarrollar en el cuerpo y en la mente es casi interminable, por esto, haz que tu primer paso hacia una buena salud sea este: no te detengas ante la imagen de la enfermedad. La mente tiende a convertir todo lo que cree en su equivalente físico. Entonces, ¿por qué, verte a ti mismo como cualquier cosa menos como a alguien que goza de buena salud de pies a cabeza y viceversa?

Grow Rich! With Peace of Mind. Fawcett, 1967, pp. 51-52.

CLAVE 34

"Cuando comencé mi investigación sobre el compromiso del cliente, sabía que la investigación de Napoleón Hill sería un componente fundamental en mi trabajo, y rápido comprendí que no es posible involucrar por completo a los clientes, si no se tiene una fuerza de trabajo comprometida y capacitada".

—Ray Stendall

¿Por qué no retarte a tener una lista de los libros que hayas leído con el paso de las semanas? He leído muchos libros y creo que tener una lista sería tan útil como una certificación oficial de las clases que he tomado. Si no te gusta mucho la lectura, pero escuchas libros en audio, también valen. Esta lista tendría un doble propósito:

1. Contendría las fuentes de pensamientos, ideas y sabiduría que has recopilado de varios escritores.
2. Te permitiría hacer referencia a un título y a un autor fácilmente, si quisieras recomendarle un libro o audiolibro a otra persona.

Además, si quieres llevar tu lista a un nivel superior, indica el tipo de libro que estás leyendo. Con solo visitar una biblioteca ves las diferentes categorías según las cuales se organizan los libros para que los usuarios los encuentren. Por lo general, esta clasificación se basa en el sistema decimal Dewey o según el sistema para la localización de libros de la Biblioteca del Congreso. Si tu lectura se centra por lo general en una sola categoría como la ficción, esto significa que eres un experto en la materia o que estás atascado y necesitas expandir tu horizonte. Por ejemplo, si te dedicas a leer novelas románticas, los nombres de los personajes, la ambientación y el argumento, cambian, pero por lo general es la misma historia contada una y otra vez. En otras palabras, estos libros se vuelven predecibles. ¿Por qué no aceptar el reto de un campo de juego más amplio y leer algo fuera de lo común para ti? Este tipo de lectura es el que alimenta tu conciencia y te abre los ojos a nuevas perspectivas.

A continuación hay una lista de los 17 principios del éxito como lectura complementaria. Puedes beneficiarte de la lectura de uno o dos de estos libros altamente recomendados.

Definición de propósito

Your Greatest Power, J. Martin Kohe

The Artist's Way, Julia Cameron

La mente maestra

Seabiscuit: An American Legend, Laura Hillenbrand

Fe aplicada

Believe and Achieve, W Clement Stone,

The Magic of Believing, Claude Bristol

TNT: The Power Within You, Claude Bristol

Ir la milla extra

Try Giving Yourself Away: A Tonic for These Troubled Times, David Dunn

The Greatest Salesman in the World, Og Mandino

Personalidad agradable

How To Win Friends and Influence People, Dale Carnegie

Iniciativa personal

The Success System that Never Fails, W Clement Stone

The Alchemist, Paulo Coelho

Actitud mental positiva

The Power of Positive Thinking, Norman Vincent Peale

Man's Search for Meaning, Viktor Frankl

Love, Medicine and Miracles, Bernie Siegel, MD

Peace, Love and Healing, Bernie Siegel, MD

Entusiasmo

Life Is Tremendous, Charlie "Tremendous" Jones

Autodisciplina

A Message to García, Elbert Hubbard

Pensamiento preciso

Key to Yourself, Venice Bloodworth

Atención controlada

As A Man Thinketh, James Allen

Trabajo en equipo

The Wonderful Wizard of Oz, L. Frank Baum

Aprender de la adversidad y la derrota

Acres of Diamonds, Russell Conwell
The Anatomy of Hope, Jerome Groopman, MD

Visión creativa

Your Word is Your Wand, Florence Scovel Shinn
The Richest Man in Babylon, George Clason

Conservar una buena salud

Wake Up! You're Alive, Arnold Fox, MD, and Barry Fox, Ph.D.
Ancient Secret of the Fountain of Youth, Peter Kelder

Presupuesto de tiempo y dinero

The 7 Habits of Highly Effective People, Stephen Covey

Fuerza cósmica del hábito

The Power of Your Subconscious Mind, Joseph Murphy, Ph.D.

Necesidad de pensamientos frescos

Dr. Napoleón Hill

La mentalidad humana se marchita si no está en contacto permanente con la influencia estimulante del pensamiento fresco. El medio más rápido para quebrantar la voluntad de un hombre es aislar su mente, impedirle el acceso a libros, periódicos, radio, y otros medios habituales de comunicación intelectual.

Bajo tales circunstancias, el intelecto muere por falta de alimento. Solo la voluntad más fuerte y la fe más pura lo salvan. ¿Será posible que hayas encarcelado tu mente en un campo de concentración social y cultural? ¿Te has sometido a un lavado de cerebro por tu propia cuenta, aislándote de ideas que te conduzcan al éxito?

De ser así, es hora de hacer a un lado las barreras de prejuicios que aprisionan tu intelecto.

¡Abre tu mente y libérala!

Napoleon Hill in the NEWS! Procedente de Napoleon Hill Foundation, enero de 2013.

CLAVE 35

"Recibimos con agrado los buenos sentimientos que surgen cuando pensamos en los buenos viejos tiempos. Nuestros recuerdos tienden a concentrarse más en lo bueno y no tanto en lo malo. Por esto digo que traigamos de vuelta los buenos tiempos en todo lo que podamos".

—Elizabeth Barber

Muchos agentes externos afectan nuestros pensamientos. El sencillo olor de una rosa, una vieja foto de un amigo, tocar la manta de un bebé, el sabor de una comida favorita y reconfortante, y el sonido de la voz de un ser querido, todos activan sentimientos emocionales que les dan ánimo a nuestros pensamientos. La nostalgia evoca el anhelo de algo cercano o lejano, pero todas las sensaciones de este tipo tienen lazos emocionales.

Por ejemplo, cuando miro los muebles de mi casa, tengo muchos objetos "nostálgicos" o piezas propias que cualquiera llamaría "basura". Lo admito. Tengo un apego emocional por ellas. Tengo una mesa azul que perteneció al hermano gemelo de mi abuelo y su esposa. Esta mesa significa mucho para mí porque nunca conocí a mi abuelo. Él ya había fallecido para cuando yo nací. Su cuñada, mi tía abuela, me la dio cuando se mudó a Florida tras la muerte de mi tío abuelo. Esta mesa representa parte de la historia de mi familia por el lado de mi padre. Así que, para mí es valiosa y no me separaría de ella. Verla todos los días me motiva.

Es bueno saber que las sensaciones tienen vibraciones positivas o negativas. El Dr. Hill dijo que cuando le damos emoción a un deseo, alcanzamos nuestra meta más pronto debido a que la hemos intensificado o aumentado. Me gusta expresarlo de esta manera:

pensamiento + acción emocional = éxito

¿Qué activa tu gatillo emocional? ¿Lo utilizas para tu ventaja? ¿Elevas una oración de gratitud por todo lo bueno que hay en tu vida y que has recibido con el tiempo? ¿Ves la belleza en la historia de algún objeto y al mismo tiempo te esfuerzas por hacer todas las cosas nuevas? Grandes maravillas suceden cuando ingeniosamente sabes mezclar lo antiguo y lo nuevo para crear un resultado aún mejor del esperado.

Constante cambio

Dr. Napoleón Hill

También es extraño el hecho de que el cambio constante sea lo único permanente en el Universo. Nada permanece igual ni siquiera por un segundo. Incluso el cuerpo físico en el que vivimos cambia por completo con rapidez asombrosa.

Intenta poner a prueba estas afirmaciones al compararlas con tu propia experiencia.

Cuando alguien lucha por tener reconocimiento y ganar unos pocos dólares más, rara vez encontrará a otra persona que le dé el empujón necesario. Pero cuando logra levantarse y ya no necesita ayuda, la gente hace fila para ofrecerle ayuda.

Mediante lo que llamo la Ley de la Atracción, cosas similares atraen cosas similares en todas las circunstancias. El éxito atrae más éxito. El fracaso atrae a más fracaso. A lo largo de nuestra vida somos los beneficiarios o víctimas de un arroyo que fluye rápidamente y que nos lleva hacia el éxito o el fracaso.

La idea es atrapar la "corriente del éxito" y no la "corriente del fracaso".

¿Cómo puedes hacerlo? Sencillo. La respuesta radica en adoptar una actitud mental positiva que te ayudará a determinar el curso de tu propio destino en lugar de ir a la deriva y a merced de las adversidades de la vida.

Napoleon Hill in the NEWS! Procedente de Napoleon Hill Foundation, enero de 2013.

CLAVE 36

"Dos de las palabras más grandes en nuestro vocabulario son esperar y milagro. Ellas despiertan el poder de la esperanza y hacen realidad las cualidades enriquecedoras de esperanza, deseo, entusiasmo y emoción que se desarrollan en una vida gratificante y con propósito. Al extender nuestro nivel de expectativa, expandimos y aumentamos nuestros milagros".

—John Hinwood

Por todas partes hay bendiciones, si tan solo entrenamos nuestros ojos para verlas. Todo lo que en este mundo damos por sentado a diario, suele ser verdaderamente milagroso.

Pregúntaselo a alguien que haya perdido a un ser querido. Tal vez el milagro de la vida de esa persona no fue bien valorado sino hasta que su vida terminó. Es normal esperar que todo siga igual, y cuando las circunstancias cambian, es cuando notamos el milagro, y a veces es demasiado tarde. Los remordimientos se deben en parte a no haber estado en sintonía a tiempo con los milagros que nos rodean.

La práctica de la meditación hace que dejemos nuestra agitada rutina y tomemos tiempo para sencillamente ser, pero también lo logramos al caminar por un laberinto. Salir al aire libre y observar los cambios de las estaciones nos ayuda a tener un sentido más profundo de agradecimiento por los regalos que se nos dan. Esta conciencia despierta una oración de gratitud por estar vivos y recibir el regalo de la belleza de la creación.

Llevar un diario de gratitud, o tener una lista de razones para ser feliz, ayudan a que nos concentremos más en lo positivo. Si no lo hacemos, nuestros pensamientos tendrán la tendencia a ser monopolizados por todo lo que demanda nuestra atención inmediata. La lista de "cosas por hacer" que crea nuestra mente, no tiene fin.

Sin embargo, me gusta recordar lo que Benjamín Franklin, uno de nuestros más grandes filósofos estadounidenses, dijo: "La moderación en todas las cosas" es un buen estilo de vida a seguir. Estoy muy de acuerdo con él. Se dice que si nuestra única herramienta es un martillo, surgirán muchas cosas que al parecer necesitan martillarse. Al practicar la moderación y darnos tiempo para ser, buscamos un enfoque más tranquilo para nuestra vida, y también añadimos nuevas herramientas a todo nuestro conjunto. Los martillos tienen su lugar, así como los niveles, las sierras y los planos. Cada una tiene un propósito único, y todas se complementan al darles su uso adecuado. Espera un milagro en tu vida. El primer paso es fortalecer tu visión para reconocerlo cuando lo veas.

La bendición más grande

Dr. Napoleón Hill

Durante los años de investigación y organización de la ciencia del éxito tuve que enfrentar nada menos que 20 grandes derrotas, y cada una de ellas me dio una gloriosa oportunidad de poner a prueba mi capacidad de fe. De no haber sido por el conocimiento adquirido por medio de ellas, no habría completado la ciencia de la filosofía de éxito durante mi vida.

Tal vez la más grande bendición que haya recibido por medio de mis experiencias con la derrota fue comprender que la oración nos da orientación, pero para beneficiarnos de ella, debemos hacer algo por nuestra cuenta. Además, nuestras oraciones más eficaces son las que elevamos como expresión de gratitud por las bendiciones que ya disfrutamos, en lugar de pedir más bendiciones. Después de haber aprendido a orar de esta manera, mis bendiciones comenzaron a multiplicarse hasta que por fin tuve todo lo que deseaba o necesitaba sin tener que pedir más.

Un punto decisivo se dio en mi vida cuando por primera vez dije: "Oh Señor, no te pido más bendiciones, sino más sabiduría para hacer un mejor uso de las que ya me diste al nacer, y el privilegio para controlar y dirigir mi propia mente para los propósitos de mi elección". La mente está diseñada de tal manera que atrae la suma y la esencia de lo que pensamos con más frecuencia.

De hecho, la vida nos da a todos lo que más abunda en nuestra mente, ya sea que nuestros pensamientos estén basados en el temor o la fe. La mayoría de personas va por la vida dirigiendo el poder de su mente con miedos y limitaciones autoimpuestos, y se preguntan por qué la vida es tan cruel con ellos.

Napoleon Hill in the NEWS! Procedente de Napoleon Hill Foundation, enero de 2013.

CLAVE 37

"No todo en la vida es cuesta arriba. Siempre hay que hacer ajustes. Las personas inteligentes aprenden a hacer esos ajustes. A veces es difícil mantener una actitud mental positiva porque no somos inmunes a las situaciones, pero si mantenemos la actitud correcta, entonces es más fácil vivir en el ámbito de la vida".

—David Gilston

Napoleón Hill nos recomienda imitar a alguien que admiremos. Con el tiempo, lo que admiras en su personalidad puede llegar a convertirse en una de tus propias características admirables. Si aprovechas aquella cualidad que hace especial a esa persona, podrás notar, luego comprender y aplicar, esa cualidad a tu vida mientras visualizas aquello en lo que te has de convertir. A medida que estructuras el "tú" que quieres llegar a ser, comienza con buenos ingredientes para tener un mejor resultado final.

David Gilston es un ejemplo de esto. Al comienzo de su carrera de más de 50 años en la venta de seguros, ¡fue precisamente W.

Clement Stone quien le presentó el libro *Think and Grow Rich!* Siguiendo fielmente el consejo de Stone, Gilston leyó el libro y siguió las instrucciones para crear la mejor vida que imaginara para él y su familia. En la actualidad David continúa con el legado de Stone, regalando libros y sugiriéndole a quienes los reciben que si aplican el contenido del mismo, también tendrán éxito en todo lo que desean tener.

Hace muchos años conocí a David en uno de nuestros cruceros para la certificación de líderes. En un principio asistió a nuestras clases en silencio, ¡pero el segundo día presentó el contenido y el mensaje que coincidía con lo que el mismo W. Clement Stone había enseñado! Me alegró haber evaluado la prueba de autenticidad de David, pero fue aún mejor cuando compartió la sabiduría de su vida con la clase. Desde entonces ha asistido a más certificaciones y siempre aconseja a nuestros estudiantes compartiendo sus recuerdos, así como el ingenio y la sabiduría que aprendió con las sesiones de entrenamiento de Stone.

Sin embargo, el mayor beneficio es que David es un hacedor y no un soñador. Los sueños incumplidos están catalogados como fantasías del corazón, pero por medio de la acción, ¡David saca sus sueños de lo etéreo y hace que obren para su beneficio! Así es como logra crear un cielo en la tierra para sí mismo, su familia y su personal. Te lo digo yo. Escucha las sugerencias de David Gilston para actuar, y pronto verás que con este tipo de seguimiento también tendrás la posibilidad de alcanzar tus metas.

Las metas definidas atraen el éxito

Dr. Napoleón Hill

La mente que ha sido formada para recibir, atrae lo que necesita, así como un imán atrae limaduras de acero. La parte más difícil de cualquier labor es comenzar. Sin embargo, cuando se comienza, los medios para completar el trabajo se hacen evidentes.

La verdad de este hecho ha sido comprobada, quienes tienen metas concretas logran un éxito mucho mayor que quienes no las tienen. Y todavía no he encontrado a una sola persona exitosa que no admita con facilidad que el punto decisivo para su vida llegó cuando adoptó un claro objetivo principal.

Nadie puede decirle a otro individuo cuál debe ser su meta, pero cuando adoptes la tuya, verás cómo los demás principios entran en juego y te inspiran a la acción.

Tu imaginación estará más alerta y te presentará muchas oportunidades en relación con tu objetivo.

La oposición desaparecerá y los demás cooperarán con amabilidad.

El temor y la duda también desaparecerán y en algún punto del camino encontrarás tu "otro yo" cara a cara, quien podrá y sabrá conducirte al éxito.

PMA Adviser, diciembre de 1985, volumen 4, #12, p. 6.

CLAVE 38

"Es fácil perdernos en medio de una generación que tiene horarios ocupados y convive con la tecnología por todas partes. Para tener una buena comunicación es importante separar tiempo para estar con tu familia. Compartir con ellos algunos juegos de mesa crea un vínculo de interés común mientras se comunican cara a cara unos con otros".

—*Jeremy Rayzor*

¿Por qué no pasar buenos ratos, juntos, en familia, haciendo cosas que disfrutemos hoy y también saboreemos mañana? Parece que en la actualidad, la mayoría de familias pasa menos tiempo junta que antes, así que es importante que el tiempo de unidad sea agradable y educativo. Puede ser difícil buscar maneras de pasar tiempo juntos en actividades no pasivas, pero el esfuerzo vale la pena. Tal vez sea buena idea hacer una lista de actividades que tu familia disfrutaría y luego pedirle a cada uno que elija una primera, segunda y tercera opción de actividades recreativas que quieran hacer. Esto te dará pistas acerca de los intereses del grupo.

Una buena idea sería la de generar interés en algo que la familia pueda desarrollar en conjunto como dibujar, jardinería, carpintería, cocina, artesanías, tocar instrumentos musicales, cuidar una mascota, hacer trabajo voluntario para una causa social de la comunidad o de la iglesia, o leer todos el mismo libro para discutirlo en grupo. Estas opciones son buenas maneras de mejorar las destrezas de cada uno. Las actividades familiares fácilmente contribuyen a una mejor comunicación, incrementan talentos especiales, aumentan la unión familiar y fomentan relaciones personales más estrechas mientras todos participan y se benefician de la actividad que eligieron. Existe más de una actividad. Cada uno de los miembros de la familia selecciona su favorita y todos toman turnos para elegirlas y desarrollarlas, y van rotando.

Con mucha frecuencia oímos de familias que se ocupan de los problemas en lugar de crear oportunidades de diversión y recreación. Tal vez al hacer más énfasis en tener actividades agradables y educativas, se haría menos énfasis en enfrentar situaciones no deseadas. Parece simplista, pero funciona. Se ha dicho que si nos concentramos en los resultados que buscamos, experimentaremos más de ese resultado. Por ejemplo, si valoras la lectura, ¿por qué no crear más oportunidades para que haya lectores en casa? Visiten bibliotecas o librerías locales y pon a la vista lemas como: "Los lectores son líderes", etc. Al demostrar que el arte de la lectura es un tesoro especial que vale la pena poseer, crearás más oportunidades para que la lectura florezca en tu familia. La creatividad desvanece el aburrimiento con la misma facilidad como la luz erradica las tinieblas. ¿No será hora de dejar que tu pequeña luz brille con el fin de crear oportunidades positivas para tu familia?

Conduce a tus hijos hacia el éxito
Dr. Napoleón Hill

En la actualidad hay mucho para hablar acerca de la delincuencia juvenil y los problemas de la juventud. Quiero contar la historia de un delincuente juvenil y cómo fue dirigido hacia propósitos útiles: yo era ese delincuente juvenil.

Mi padre era un hombre muy religioso. Éramos dos hijos varones, yo era el mayor, y estaba decidido a desafiar todos los esfuerzos de mi padre por "reformarme". Nuestra madre había muerto años atrás.

Me gustaban las armas de fuego y tenía un par de pistolas escondidas en árboles huecos ubicados en nuestra propiedad en las montañas del suroeste de Virginia. Debido a quejas de los vecinos, mi padre las localizó y las destruyó con un martillo. También me gustaba la música country y tenía un banjo que tocaba a escondidas. Pero las enseñanzas religiosas de mi padre también se oponían a esto, así que buscó hasta que encontró el banjo y también lo destruyó.

Bailar también era prohibido, pero de vez en cuando me las arreglaba para "tomar prestado" un caballo después de que papá ya estaba dormido, y asistía a los bailes en el pueblo.

Por esta razón mis visitas al cobertizo de la familia eran frecuentes y terribles. Pero cada cita en este santuario de horrores solo hacía que yo estuviera más decidido a violar las reglas cada vez que pudiera. Estaba completamente encaminado a convertirme en todo un rebelde contra las normas de la sociedad. Lo que me salvó fue la decisión de mi padre de volverse a casar. La madrastra que trajo a nuestra cabaña en las montañas era una mujer maravillosa, amable y comprensiva.

Ella me compró un banjo nuevo, e incluso me ayudó a aprender a tocarlo. Por medio de una agencia de ventas por correo, compró dos pistolas de tiro brillantes y niqueladas, una para ella y otra para mí. Después de esto pasamos juntos muchas horas alegres mientras ella me enseñaba a disparar a blancos inertes, en lugar de hacerlo contra los pollos y las vacas de los vecinos.

Después de haberse ganado mi confianza y amor al ayudarme a hacer las cosas que quería hacer, se dispuso a orientar mis energías hacia mejores propósitos. Compró una máquina de escribir usada y empezó a enseñarme cómo plasmar mis ideas en papel. Por último, me ayudó a obtener un empleo como reportero de montaña para una "cadena" de periódicos pequeños. Ahora mismo recuerdo e identifico ese momento como el más decisivo en mi vida. ¿No es nada extraño que yo esté agradecido con esta gran dama?

Debido a esta experiencia me inclino a ponerme del lado de los delincuentes juveniles cada vez que oigo hablar de este problema. No toda la delincuencia tiene la misma fuente, por supuesto. Pero en muchos casos, sospecho que es el resultado de normas excesivamente duras que se imponen con fuerza. Y también me temo que muchos padres no se dan cuenta de que la energía ilimitada que mete en problemas a los jóvenes puede ser fácilmente orientada para guiarlos hacia un gran éxito. La persona apática y perezosa, que carece del espíritu de aventura, no logrará grandes cosas. Casi todos los hombres y mujeres que alcanzan grandes alturas en nuestra civilización son "agitadores", espíritus libres que no tienen miedo de desafiar lo convencional para buscar nuevos caminos y sacar a sus semejantes de su letargo.

Si tu hijo es una persona así de valiente, alégrate.

Ayúdalo a que aprenda cómo canalizar su carácter fuerte hacia el éxito en la vida. Elógialo por su disposición a intentar cualquier cosa. Muéstrale cómo aprender de sus errores cuando tome el camino equivocado.

Y por sobre todo, anímalo en lugar de criticarlo. Por alguna razón para los humanos es natural estar a la altura de la reputación que los demás les dan.

Success Unlimited. Junio, 1965, Vol. 12, No. 6, pp. 33-34.

CLAVE 39

"Hace poco supe que el 25% de la población mundial gana menos de $1 dólar al día, y dedica casi la mayor parte de su tiempo nada más que a sobrevivir.

Esto sin duda hace que mi vida parezca extraordinaria. Todos tenemos mucho por qué estar agradecidos. Pero, vale la pena indagar dónde podríamos estar tú y yo si realmente nos dedicáramos a desarrollar las áreas de nuestra vida que quisiéramos mejorar".

—*Vic Conant*

¿Alguna vez te has preguntado cómo comienza el deseo para cumplir tu misión en la vida? Tal vez sea tan sencillo como mirar por encima del hombro de alguien. O recordar a la persona que admirabas en tu juventud. Quizá fue tu padre o tu madre, un abuelo, un pariente, un maestro, e incluso alguien fuera de tu círculo cercano a quien el mundo consideraba "famoso". ¿Recuerdas específicamente cuáles rasgos o características de su personalidad te parecieron tan admirables?

Si adoptamos la idea de que los valores no se enseñan sino que se contagian, ¿no sería hora de poner a los niños cerca de personas que tengan algo que valga la pena contraer? El entusiasmo suele ser muy contagioso, y teniendo en cuenta la plataforma adecuada para exponerse a un entusiasmo controlado, las personas pueden inspirarse y motivarse positivamente a hacer por sí mismas lo que consideran valioso. Desde los cuerpos de paz hasta la política o la filantropía, la gente se siente motivada a seguir las huellas de una misión que consideran digna de imitar. Y nunca es demasiado pronto como para empezar a encaminar a un joven adulto hacia el éxito, mediante un principio a la vez.

Los famosos a menudo dejan un legado de libros que detallan los pasos a seguir para tener una vida rica y plena. Al leer los clásicos es posible comenzar a ampliar los horizontes y descubrir oportunidades de progreso personal. Al decidir sobre un tema de interés, es factible encontrar tu deseo de conocimiento en una biblioteca y en internet. Sorprendentemente, en la actualidad no hay ninguna excusa para la falta de información acerca de cualquier tema. La información es gratuita, pero la forma como aplicamos la información adquirida es lo que hace la diferencia en nuestra propia vida.

Da algunos consejos para la generación que viene. Deja algunos libros que sean fuente de inspiración y que estén cargados de valores. De vez en cuando comenta cómo un buen libro cambió tu vida y sugiéreles que lo lean a quienes también estén comprometidos con su superación personal. En poco tiempo habrás creado tu propia biblioteca de préstamo así como Thomas Jefferson y Andrew Carnegie lo hicieron en el pasado. Y al hacerlo, prolongarás su legado, haciendo que el mundo sea un mejor lugar para vivir un buen libro a la vez.

Ingeniería humana y entusiasmo
Dr. Napoleón Hill

Esperanza, entusiasmo y fe son palabras clave, debido a la estrecha relación entre ellas. Cuando las combinamos con un propósito definido, nos dan acceso ilimitado al poder mental. Estos son los cuatro elementos que conducen a un deseo ardiente.

La esperanza en sí no tiene mucho valor. No es más que un deseo, y todo el mundo tiene deseos en abundancia. Los deseos nada logran hasta que los organizamos y asociamos con sus compañeros: un propósito definido, entusiasmo y fe.

Los hombres de grandes logros son hombres de grandes deseos. Vas a tener esos deseos y los alcanzarás, si sigues las instrucciones que se te han dado. Recuerda, amerita trabajar por cualquier cosa que valga la pena tener en la vida. Y hay un precio que pagar. El precio para cosechar los beneficios de esta filosofía consiste primordialmente en la vigilancia eterna y la persistencia constante para aplicar esta filosofía como un hábito diario. El solo conocimiento no es suficiente. Es necesario aplicarlo.

PMA Science of Success Course, Educational Edition. Napoleon Hill Foundation, 1961, pp. 262-263.

CLAVE 40

"El punto en donde el tiempo se encuentra con la eternidad es el presente. El momento presente es el punto donde somos realmente libres de los remordimientos del pasado y también libres de las preocupaciones del futuro. Lo comparo con estar de vacaciones o celebrando la Navidad de manera perpetua, porque en todo momento hay regalos".

—Karen Larsen

¿Qué piensas cuando alguien te anima a estar presente en el momento? Bueno, esto es lo que yo pienso: pienso en qué haré para cenar, en dónde me voy a detener cuando vaya de regreso a casa, ¡y en lo que voy a hacer durante el fin de semana! No es exactamente lo que se supone que debo hacer, pero como me resulta difícil estar presente en el momento, o me traspaso hacia el carril de futuro o viajo de regreso al pasado.

El pasado no es un buen sitio para echar las raíces de tu vida. Dale Carnegie dijo: "No intentes aserrar aserrín". Es un buen consejo. El pasado ya pasó y lo que sucedió debería quedarse allá. Las vidas que se ajustan a los acontecimientos del pasado se estancan. Nada nuevo va a ocurrir. El reproducir eventos pasados sofoca las experiencias diarias de las personas. Los recuerdos son valiosos, pero vivir el hoy lo es mucho más. De lo contrario, te convertirás en una vieja reproducción.

Vivir en el futuro tiende a convertirse en un sueño demasiado prolongado, sin fundamento ni cimiento en la realidad. El estar siempre en otra parte fuera de donde realmente estás, te mete en problemas emocionales, sociales, físicos, económicos, mentales y espirituales. Tal vez se deba a falta de compromiso, incapacidad para decidir, o miedo a la adversidad. Lo que sea que te impulse hacia el futuro te mantendrá perdido en el espacio imaginario de tus propios sueños, a menos que decidas poner tus dos pies sobre tierra firme y actuar de inmediato.

Aprovechar el vivir en el momento proporciona raíces saludables para que cuando necesitemos alas, las desarrollemos. Muchos de ustedes conocen a Don Green, el Director Ejecutivo de la Fundación. Su madre se encuentra enferma. Hace poco él la estaba ayudando a caminar por la habitación con la ayuda de un andador. Cuando ella se detuvo por un momento, él le preguntó si sabía hacia dónde iba. Su respuesta fue invaluable. Sin perder un instante, ella dijo: "Al cielo". Sin duda sería una alegría vivir cada momento de la vida que nos ha sido dada, y también tener tal seguridad de nuestro futuro hogar así como la madre de Don a medida que su hora se acerca.

La paz mental y el poder de la mente

Dr. Napoleón Hill

Dado que lo que logras en la vida depende de lo que concibes en un principio, y esto depende primordialmente de tu confianza cimentada en tu subconsciente, comprendes que tu vida depende de tu poder para creer.

No, tus procesos de vida no dependen de este poder. El Eterno lo ha hecho posible mediante el logro supremo de la evolución, seguir con vida incluso sin saber que se está vivo. El latido del corazón, el bombeo de los pulmones, los procesos de digestión y otras funciones vitales, las atiende una parte del cerebro que se cuida a sí misma.

Además de esto, el hombre crea una especie cada vez mejor. Aspira, alcanza las alturas de su aspiración, y al ver alturas aún más elevadas, vuelve a aspirar y llega a ese pico, y más allá de ese encuentra otro y otro.

Así mismo, los filósofos siempre han reconocido el poder de la mente tranquila, la paz mental. Esto no se asemeja en nada a una mente vacía y sin aspiraciones. Sino que más bien es una mente que puede contener, juzgar y evaluar las aspiraciones más elevadas. La mente tranquila tampoco es propiedad exclusiva de una persona que no se mueve por el mundo y se ocupa con los múltiples asuntos de este mundo, puesto que algunas de las mentes más tranquilas son las más ocupadas. Recuerda, hablamos de paz interior, como un centro silencioso alrededor del cual todo gira como un gran dínamo que hace un trabajo útil y lleno de energía, pero que siempre refiere su rotación según el eje inmóvil en su centro.

Grow Rich! With Peace of Mind. Fawcett, 1967, pp. 203-204.

CLAVE 41

"Eres la única persona capaz de ser auténticamente tú. Eso es lo que te hace especial. Esa es tu ventaja. Sabes que estás siendo tú mismo cuando eres la misma persona sin importar dónde estés o con quién estés. Sé auténtico, nadie quiere relacionarse con un farsante".

—Brandon Miltsch

El respeto es un círculo, no una flecha. Debes darlo para recibirlo. Es recíproco y no tienes que ganártelo primero porque todos tenemos derecho a recibirlo por el hecho de ser seres humanos. Aunque tal vez no aprobemos las acciones de otros, o su forma de vestir, el lenguaje que usan, su nivel de educación, su ética de trabajo, su situación financiera, incluso así, ellos tienen derecho al mismo trato y a no menos que aquellos a quienes sí aprobamos y aceptamos.

El respeto también es un espejo porque nos permite reflexionar sobre nuestro propio comportamiento. Infortunadamente, muchas

CLAVE 41

personas no ven que sus acciones irrespetuosas vuelven a ellas. Como dice el refrán: "Cosechamos lo que sembramos".

Es asombroso pensar que a quien más irrespetamos sea a nosotros mismos. Las adicciones al trabajo, al dinero, al alcohol, a los narcóticos, al sexo, y a cualquier otra cosa, nos roban tiempo valioso de autorrenovación. Para obtener más de lo que ya tenemos, nos volvemos como hámsteres en su rueda de juguete. He leído que un hámster recorre hasta ocho millas por día en su rueda, sin llegar nunca a ningún destino, fuera del punto donde comenzó. Las adicciones nos llevan a conductas repetitivas y opacan otros aspectos relacionados con la calidad de vida como la familia, los amigos, la naturaleza, las actividades recreativas y similares que dejamos en un segundo plano porque nuestro ego cree que estos "desvíos" en la vida no producen más de aquello que alimenta nuestra adicción.

Por último, al "irrespetar" a otros, añadimos a nuestra personalidad características que hacen que los demás se nos alejen. Al apoyarnos demasiado en "lo que tú puedes hacer por mí" en lugar de "¿qué puedo hacer yo por ti?", ponemos en riesgo nuestra integridad personal. Además, esta actitud no promueve el trabajo en equipo ni nada mejor. Por el contrario, fomenta resentimiento y una pérdida de deseo por parte del receptor al que se le exige que actúe cuando se le ordene. En última instancia, la persona irrespetada decide no participar y abandona la situación. Al final, la Regla de Oro contiene el mejor mensaje universal: "Haz a los demás lo que quieres que te hagan a ti". Observa que no dice "por ti", sino "a ti". Si la flecha viaja en una sola dirección, es mejor asegurarse de que en el futuro no seas tú el objetivo. Piénsalo: lo que recibes al respetar vale más que lo que obtienes cuando lo exiges.

Alimento espiritual
Dr. Napoleón Hill

El hombre necesita alimento espiritual así como requiere de una dieta balanceada de alimentos para su parte física, y la religión es la mejor fuente para obtener alimento espiritual.

Figurar como miembro de una iglesia no te será muy beneficioso, a menos que de corazón pertenezcas a ella y aportes algo a tu religión, además de una creencia pasiva y de dar $1 dólar ocasionalmente en la colecta. La religión exige hacer, no solo creer.

La verdadera religión nos da humildad de corazón, simpatía con los desafortunados y voluntad para ir la milla extra. Conduce a la armonía en las relaciones humanas y promueve el principio de la Regla de Oro. Hace que dejemos la vanidad, el egoísmo, la ambición excesiva, y que no valoremos demasiado las cosas materiales. Nos lleva sin duda a lograr una obra de amor, una de las doce riquezas más importantes de la vida.

El hombre que de verdad es religioso proclama su religión por medio de sus obras. Vive su religión en su profesión, y esta vuelve a él multiplicada, en su sueldo, en su paz mental, y en la armonía que encuentra con sus compañeros de todos los días.

La verdadera religión promueve y desarrolla una actitud mental positiva y la disposición a vivir y dejar vivir. Conduce al desarrollo de la visión creativa e inspira la autodisciplina en una escala noble.

PMA Science of Success Course, Educational Edition. Napoleon Hill Foundation, 1961, pp. 471-472.

CLAVE 42

"Puedes perder tu reputación, tu casa e incluso tu familia, pero no puedes perder tu capacidad de dar, si estás aprendiendo a hacerlo. Pero en realidad no das, si lo haces para obtener algo diferente a una mayor capacidad para dar".

—Charlie "Tremendous" Jones

En la actualidad, muchas personas hablan de lo que reciben a cambio de nada. Desde cupones para descuentos, hasta obsequios por compras, honorarios de buscadores, recompensas por información, o monedas que se encuentran en la calle, un cambio extra en la caja, y la lista sigue y sigue. Habiendo un énfasis total en recibir, se hace poco énfasis en dar. Invirtamos el orden y preguntémonos ¿qué damos en lugar de lo que recibimos?

¿Le diste hoy una sonrisa a alguien que no la tenía? ¿Animaste a alguien que estaba deprimido? ¿Respondiste una llamada telefónica, un correo electrónico, o carta a un conocido con un "sí" en lugar de un "no"? ¿Le diste aliento a alguien desanimado? ¿Conectaste a alguien con otra persona a manera de favor en lugar de hacerlo como un cazador de recompensas prestando un servicio? ¿Pasaste por alto la frase "cuál es mi beneficio", y diste sin esperar nada a cambio?

La verdadera acción de dar desde una perspectiva cristiana compara los actos corporales de misericordia que encontramos a continuación:

1. Alimentar a los hambrientos: "Porque tuve hambre y me disteis de comer". Mateo 25:35.

2. Dar de beber al sediento: "... tuve sed y me disteis de beber". Mateo 25:35.

3. Vestir al desnudo: "Estuve... desnudo, y me vestisteis...". Mateo 25:36.

4. Visitar a los presos: "Estuve en prisión y me visitasteis". Mateo 25:36.

5. Dar cuidado a las personas sin hogar: "Fui forastero, y me recibisteis...". Mateo 25:35.

6. Visitar a los enfermos: "Estuve enfermo, y me visitasteis". Mateo 25:36.

7. Enterrar a los muertos: "De cierto os digo que en cuanto lo hicisteis a uno de estos mis hermanos más pequeños, a mí me lo hicisteis". Mateo 25:40.

Establecer algunas metas con estos objetivos en mente es una buena lección para ejercitar la parte que da y no la que recibe. Y una lección más. ¡El cambio siempre comienza contigo!

Vale la pena ir la milla extra
Dr. Napoleón Hill

Elegí analizar el principio de ir la milla extra en la columna de hoy porque todo el mundo se dirige con rapidez hacia la bancarrota espiritual, en especial porque la mayoría de personas ha invertido este principio ¡tratando de obtener algo por nada! Sospecho que se debe a que el verdadero sentido espiritual no ha sido bien entendido. En el fondo, es la Regla de Oro reducida y aplicada a las relaciones humanas en todos los ámbitos de la vida. Lloyd Douglas resumió todo el significado de esta gran norma universal y la interpretó en su libro *Magnificent Obsession*, el cual causó un gran impacto en quienes lo leyeron.

Este país puede tener una marina en dos océanos y necesitar la mayor flota de aviones del mundo, puede requerir producir material de guerra a gran escala, y creo que sí necesita todo esto, pero lo que el pueblo, nosotros, más necesitamos, es dejar de procurar recibir sin dar y comenzar ahora mismo a recorrer la milla extra, así como los 56 hombres que firmaron la Declaración de Independencia aplicaron esta regla cuando nació el país "más libre y más rico" conocido en toda la civilización.

Esta no es solo la vía hacia la salvación de nuestras almas (ya que algunos de nosotros no parecemos estar tan preocupados por nuestras almas como por nuestros bolsillos), pero es la forma más rápida y segura para la autodeterminación económica, porque tan cierto como que la noche sigue al día, es que el hombre que trabaja más allá de aquello por lo que se le paga, y lo hace con una actitud mental agradable, tarde o temprano recibe un pago mayor que lo que hace. Durante los más de treinta años que he estado observando esta norma, nunca la he visto fallar.

Greenville Piedmont. Agosto 5, 1941.

CLAVE
43

"Toda la filosofía de Napoleón Hill está basada en la Regla de Oro. La Fundación agradece profundamente el apoyo de quienes solo compran los libros autorizados de Napoleón Hill. Puedes identificar estos materiales por el logotipo de la Fundación y buscando los derechos de autor de Napoleón Hill en su interior".

—Don Green

¿Alguna vez has considerado la palabra plagio? No es una palabra agradable. Significa copiar las palabras o los pensamientos de otra persona, directa o indirectamente, mediante una paráfrasis, y afirmar que esas ideas y palabras son tuyas. Es muy probable que hayas escuchado esta palabra en la escuela, y como maestro de inglés conozco una técnica sencilla para identificar a un plagiario. Lo que debes hacer es pedirle a tu estudiante que se siente en ese mismo momento y escriba un ensayo sobre el mismo tema sin la ayuda de materiales primarios o secundarios. La teoría es que si esa persona es la "autora" de lo que afirma haber escrito, hará un ensayo que en su mayoría tiene la forma, el tono y el contenido del original. Y si se niega a hacerlo, por lo general puedes suponer que lo hace por una buena razón: que no sabe hacerlo porque no lo escribió.

Sin duda vivimos en un mundo de "imitaciones". Por todas partes se comercializan bolsos, zapatos, vestidos, relojes, y otros elementos de diseñadores que pretenden ser idénticos a los originales. Es probable que una falsificación solo la sepa identificar una persona experta en la materia, sin embargo, una falsificación es justo eso, no es algo real. Los comerciantes crean "imitaciones" para su propio beneficio en las ventas. Así mismo, las personas que dicen tener los materiales "reales" de Napoleón Hill usan una estrategia de mercadeo para quedarse con tu dinero en sus bolsillos.

Durante doce años he trabajado para la Fundación como Director del Centro de Aprendizaje Mundial Napoleón Hill, y antes de esto enseñé durante otros diez años para la Fundación, y te aseguro que lo que Don Green ha escrito es preciso con respecto a la edición de 1937 de *Think and Grow Rich*. Está impresa tal y como Napoleón Hill y Rosa Lee Hill la publicaron en 1937.

Así que si quieres disfrutar el "original", apoya a la Fundación comprando por medio de nosotros. De este modo seguirás honrando el legado de Napoleón Hill y la Fundación que él creó. Esta es la mejor manera de reconocer su trabajo.

Para triunfar en la vida, triunfa siendo tú mismo

Dr. Napoleón Hill

Quizás admires mucho a una persona por una habilidad o talento especial que tenga, y al desear ejercer esa misma habilidad, quieras decidir que vas a "ser" esa persona, pero habrás desperdiciado una gran cantidad de tiempo y esfuerzo antes de descubrir que la personalidad es algo muy sutil y que nadie logra "ser" otra persona sin dañar su propia personalidad y paralizar los impulsos que la hacen grande en su propio ser.

En mi juventud me decidí a escribir como Arthur Brisbane. Él fue un escritor muy versátil y capaz, con muchos seguidores, y pensé que era una decisión inteligente el proponerme a imitar su estilo. Pero un amigo me detuvo en seco cuando me dijo que si copiaba a Brisbane nunca desarrollaría mi estilo propio. Justo en ese momento hice a Brisbane a un lado, y el éxito de mis escritos ha justificado esta decisión de no ser él, sino Napoleón Hill.

Los niños tratan de imitar a los mayores, y esto es comprensible. Pero veo a muchos "niños adultos" tratando de igualar en sus finanzas a los Jones, o tratando de mantener el ritmo social de los Smith, pero sus resultados son desastrosos. Si no estás dispuesto a ser tú mismo, no te conocerás a ti mismo ni sabrás lo que tu mente tiene la capacidad de lograr.

Grow Rich! With Peace of Mind. Ballantine, 1996, p. 118.

CLAVE 44

"La buena noticia es que los seres humanos pueden lograr casi cualquier cosa que se imaginen. El problema no está en la incapacidad sino en la falta de claridad. La mayoría de personas no ha podido identificar su objetivo en la vida, y si no hay objetivo, no hay plan".

—*Phil Taylor*

Ralph Waldo Emerson dice: "Si no tratas de hacer algo más allá de lo que ya has aprendido, nunca crecerás". Esto lo sabemos por instinto, pero a veces es mejor y más natural dormirnos en los laureles. El verdadero mensaje a transmitir es que el aspirar a aprender algo nuevo, aprenderlo, y luego aplicarlo, implica mucho trabajo y compromiso. Pero cuando logramos ese aprendizaje y lo integramos a lo que somos, tenemos una sensación de satisfacción que supera con creces el petulante y familiar sentimiento de creer que somos más de lo que realmente somos.

Elogiamos con facilidad a un niño cuando da sus primeros pasos, cuando memoriza y recita un poema, cuando hace una rutina de baile sin equivocaciones, cuando presenta en público un recital de piano o cuando gana un diploma. Reconocemos estas "primeras veces" debido a la novedad del hecho, pero por lo general no lo hacemos ante las repetidas actuaciones que se vuelven normales.

Las "primeras veces" tienen una enorme recompensa emocional para la persona. Para mantener ese flujo de depósitos en nuestra cuenta de autoestima, debemos desafiarnos a nosotros mismos para superar nuestras destrezas actuales. Ya sea que el reto implique resistencia física, destreza mental o formación espiritual, debemos esforzarnos por ser los mejores. Nada más vale tanto la pena.

Cuando damos lo mejor de nosotros y triunfamos, nuestro nivel de "sí puedo" aumenta así como también nuestra autoestima. Tal vez no lleguemos a caminar en la Luna, pero sí a atravesar las puertas de la universidad e inscribirnos para una clase. O hacer una solicitud de empleo. Mejor aún, seguiremos participando y respaldando con hechos el discurso que nos lleva al éxito definitivo cada día de nuestra existencia. ¿Por qué no? ¿Acaso esa no es una elección que valga la pena?

Prepárate para triunfar

Dr. Napoleón Hill y W. Clement Stone

¡Piénsalo! Piensa en las personas que van por la vida a la deriva y sin objetivo, insatisfechas, luchando contra muchas adversidades pero sin una meta bien definida. ¿Estarías tú en condiciones de decir ahora mismo qué es lo que quieres en la vida? Quizá no sea fácil fijar tus metas. Incluso hasta implica un doloroso autoexamen, pero no importa el esfuerzo que requiera, valdrá la pena porque tan pronto como definas tu meta, disfrutarás de muchas ventajas que llegan casi de forma automática.

1. La primera gran ventaja es que tu mente subconsciente comienza a operar bajo una ley universal: "La mente del hombre tiene la capacidad de lograr todo lo que conciba y crea". Cuando visualizas el destino al que quieres llegar, tu mente subconsciente se afectará con esta autosugestión y se esforzará para ayudarte a llegar allá.

2. Como tú sabes qué quieres, tienes la tendencia a estar en el camino correcto y seguir la dirección correcta. Tomas acciones.

3. El trabajo se hace divertido. Estás motivado a pagar el precio. Presupuestas tu tiempo y tu dinero. Estudias, piensas y planeas. A medida que piensas más en tus metas, tu entusiasmo crece. Y junto con el entusiasmo, tu deseo se convierte en un gran deseo.

4. Empiezas a estar más atento a las oportunidades que te ayudarán a lograr tus objetivos, conforme ellas se van presentando en tus experiencias diarias. Como sabes qué es lo que quieres, estarás más inclinado a reconocer esas oportunidades.

5. Cuando tienes una actitud mental positiva, los problemas de tu mundo tienden a inclinarse ante ti. La recompensa es éxito, salud, felicidad, riqueza.

Chicago Sunday Tribune Magazine. Junio 19, 1960, pp. 37-39.

CLAVE 45

"¿Qué debemos cambiar? La respuesta es: todo lo que sea necesario a fin de hacer lo que de verdad queremos. A veces debemos cambiar nuestros pensamientos, sentimientos o acciones. No vamos a obtener lo que queremos, siendo la persona que somos ahora. Si ese fuera el caso, ya tendríamos aquello que deseamos. Así que algo debe cambiar en nuestro interior".

—Michael Joesten

El cambio es un proceso que a la mayoría de personas no le gusta emprender. Ya sea que se trate de un cambio de trabajo, casa, relación, membresías, la gente se queja del proceso de cambio casi en cualquier área. En lugar de recibir lo nuevo que se avecina en el horizonte, muchos lamentan lo viejo que se aleja. Esta actitud es comparable con el amanecer y la puesta de sol. Ambos eventos son hermosos y sirven para mejorarse el uno al otro. Sin embargo, toda una vida de solo puestas de sol no sería la misma que vivir experimentando los dos eventos.

Abordar el cambio de una perspectiva diferente sería un proceso más feliz y más fácil si nos concentráramos en lo que estamos ganando, más que en lo que estamos perdiendo. Considéralo como el yin y el yang del Universo. Si no hubiera cambios, nos estancaríamos. El agua estancada huele mal. No es potable y nadie quiere nadar en ella. Los animales la evitan y la gente también.

Por el contrario, el agua viva, la que fluye y se refresca a sí misma y a sus linderos, nos invita a sus orillas a medida que vemos y escuchamos el proceso. Nos vigoriza en lugar de deprimirnos. Con el cambio ocurre igual, si lo vemos desde el punto de vista de la novedad.

Ser parte del aquí y ahora nos obliga a aceptar el cambio. Nuestro mundo cambia introduciéndole una nueva rutina, dieta, ejercicio, o trabajando en aspectos que se hayan estancado en nuestra vida. No debe ser un cambio necesariamente monumental para que marque una diferencia, pero sí debemos dar inicio a nuevos proceso. Es tan sencillo como dar una caminata de media hora durante el día, la cual trae consigo nuevas perspectivas.

¿Por qué no te retas a ti mismo a procesos de cambio, si te sientes atrapado en una vida estancada? Encuentra un pequeño cambio que no resulte amenazador al comienzo, y luego hazlo. Así como la bola de nieve que toma mayor velocidad y tamaño a medida que rueda cuesta abajo, apuesto a que te darás cuenta que todo lo relacionado con el cambio no es negativo. ¡Y hay muchas más novedades que te gustará explorar en el proceso cuando des el primer paso audaz hacia regalarte más de la vida!

Algo por nada
Dr. Napoleón Hill

Nadie recibe algo por nada. Todo aquello que vale la pena tener, tiene un precio determinado que se debe pagar. Las normas de superación personal son tan claras como las reglas de matemáticas. Si alguna vez hubo una verdadera ciencia, es la ciencia de la superación personal descrita en los diecisiete principios de esta filosofía.

Tú estás estudiando esta filosofía. Así que no tienes excusa para el fracaso, incluyendo la abuela de todas las excusas: "Nunca tuve la oportunidad". Tienes la oportunidad y esta radica en el privilegio de aprovechar el conocimiento combinado de más de quinientos hombres con grandes triunfos que han puesto a tu disposición esta filosofía.

¿Qué vas a hacer con tu oportunidad?

El éxito no requiere muchos conocimientos acerca de algún tema específico, pero sí exige el uso persistente de cualquiera que sea tu conocimiento.

¿Cómo estás usando tu tiempo?

¿Cuánto desperdicias, y cómo lo estás desperdiciando?

¿Qué vas a hacer para dejar de hacerlo?

PMA Science of Success Course, Educational Edition. Napoleon Hill Foundation, 1961, pp. 460-461.

CLAVE 46

"Convertir la adversidad en una oportunidad ilimitada consiste en retirar los obstáculos que hemos creado para nosotros mismos porque al eliminarlos resplandecerá una paz sagrada que siempre ha estado ahí. Yo tuve la oportunidad de tomar la adversidad de mi niñez y darle un giro de 360 grados hacia un curso de acción positiva de crecimiento, aprendizaje valioso y propósito".

—*Taylor Tagg*

El respeto no es una palabra de cuatro letras, sino de siete. Al igual que las siete etapas de la vida de Shakespeare, los siete sacramentos, los siete chakras, y otros múltiplos que vienen en sietes, el respeto es algo que se gana y se da por etapas o en el proceso, y no es congénito ni innato. El respeto lo adquirimos por etapas, pero también se pierde en un momento. No corras el riesgo de perder lo que has ganado al tener un trato descuidado hacia los demás.

Cuando tratas con respeto a otros, ellos a su vez empiezan a respetarte y tienden a tratarte de manera recíproca. Cuando le faltas al respeto a alguien, incluso puede surgir la enemistad como resultado. La falta de respeto no solo se aplica a palabras o al lenguaje, sino también a aspectos como los modales, la cortesía, la manera de vestir y los hábitos personales.

Por ejemplo, si estás cenando en un buen restaurante, pero dejas la mesa hecha un desastre, te burlas de la camarera, o exiges el servicio, tu actitud de superioridad no hará que te respeten. Habrá alegría cuando te hayas ido en lugar de haber agradado con tu presencia. Tú mismo debes decidir qué efecto quieres dejar sobre las personas con quienes interactúas en la vida. Si quieres ser recordado como alguien grosero e insensible, sé irrespetuoso y lograrás tu objetivo.

El legado del respeto que dejes se hará manifiesto después de tu partida y no en tu presencia.

¿Recuerdas que en la escuela primaria aprendiste las expresiones "por favor" y "gracias?". También aprendiste que señalar a una persona con el dedo índice de manera acusadora, hacía que los otros tres dedos de tu mano te señalaran a ti, recordándote tus propias culpas. Es probable que en tu niñez te hayan enseñado a respetar a tus mayores, a limpiar tu habitación, a escuchar más y hablar menos, así como una larga letanía de otros sabios consejos.

No es demasiado tarde para rehacer tu vida y tus costumbres. Abre con gentileza la puerta para que alguien que se acerca con paquetes entre con facilidad, expresa gratitud sincera cuando te vayas, no exijas un servicio sino más bien pídelo. Si recuerdas tus modales, es muy probable que tengas más éxito en lograr lo que deseas, ¡tanto a corto como a largo plazo! El rasgo de personalidad agradable comienza y termina contigo. De lo contrario, ¡quizá debas experimentar algo de adversidad y derrota antes de aprender la lección!

Una fórmula recomendada para deshacerse de la culpa

Dr. Napoleón Hill

En primer lugar, escucha un consejo, una conferencia, un sermón inspirador que cambie tu vida. Luego recuerda tus bendiciones, y agradécele a Dios por ellas. Siente un sincero arrepentimiento y pide perdón. Cuando eres consciente de tus bendiciones, no es difícil mostrar arrepentimiento sincero por los errores que hayas cometido. Arrepiéntete con honestidad, así tendrás el valor para pedirle perdón a Dios.

Debes dar el primer paso. Este es importante porque un gesto físico simboliza que te estás moviendo hacia una vida transformada. Cuando Jim caminó por el pasillo, estaba haciendo un anuncio público de que lamentaba su pasado y ahora estaba listo para cambiar su vida.

Además, debes reparar dando el segundo paso: comenzar de inmediato a corregir todo mal.

Y luego el paso más importante de todos: aplicar la Regla de Oro. Hacerlo debería ser fácil. Pero por ahora, cuando te sientas tentado a hacer lo malo, esa "calmada vocecita" te va a susurrar. Y cuando lo haga, detente y escúchala. Recuerda tus bendiciones. Imagina que estás en el lugar de la otra persona y luego toma la decisión de hacer lo que tú quisieras que te hicieran, si estuvieras en su posición.

Success Through a Positive Mental Attitude. Prentice-Hall, 1960, p. 210.

CLAVE 47

"Con la proliferación de productos, servicios e información en todo el mundo, muchos inventos revolucionarios de hoy provienen de implementar nuevos usos a productos o servicios ya existentes. Este tipo de desarrollos vanguardistas e innovadores no vienen de tener todas las respuestas. Vienen de formular preguntas constantes".

—Jim Stovall

Todos podemos utilizar el principio de la visión creativa. Napoleón Hill nos enseña que hay dos tipos de imaginación: la imaginación sintética y la imaginación creativa. Aunque la imaginación sintética es la más común, es igual de valiosa porque se basa en algo que ya existe para darle un nuevo uso. Si de pronto has leído algún artículo periodístico que sugiere nuevos usos de productos ya existentes, como latas de café, periódicos viejos, vinagre, tubos de papel, y así sucesivamente, sabes de qué estoy hablando. En términos ecológicos, ¡es mejor utilizar los productos en su totalidad, que tirarlos a la basura!

La imaginación sintética nos desafía a reorganizar los pensamientos, ideas, planes, objetos o información ya existente, para obtener un nuevo resultado. Una actividad divertida en el aula de clase es darle a un equipo un producto que no identifica con facilidad y preguntarle para qué se utiliza en el hogar o en el trabajo. Suele ser una actividad muy divertida para enumerar los usos que surgen entre el grupo antes de saber cuál es en realidad el uso previsto para ese producto. También es una buena rutina para estimular la imaginación sintética.

La imaginación creativa se describe mejor como una chispa de genio que viene a nosotros por medio de nuestro sexto sentido. Podría ser vista como una "descarga de la inteligencia infinita" que permite que una nueva forma de creación entre al mundo. Quizá la haya usado la primera persona que descubrió que podía utilizar el fuego para cocinar y calentarse, y también la primera persona que previó que el relámpago que se pudiera aprovechar, traería el don de la electricidad al mundo.

Los sueños nos definen porque al soñar anticipamos un mundo mejor para nosotros y para la Humanidad. Cuando visualizamos algo y lo aterrizamos, comenzamos el proceso de creación en su sentido máximo. El resultado de soñar es algo que surge de la nada, que nos permite transferir lo etéreo a lo material y así traemos un nuevo regalo al mundo en una forma útil y definida.

Los arcoíris, el polvo de estrellas, el trueno, el rayo, el viento, los olores, y otros fenómenos sensoriales, nos otorgan el deseo de utilizar una esencia pura en el aquí y ahora. Al capturar el espíritu de la bellota, con el tiempo se obtiene un enorme roble que ofrece belleza y refugio a su entorno. La esencia de un rayo es energía transformada que produce electricidad, un método más limpio y más seguro de proporcionar luz y calor a nuestros hogares.

¿Qué ves que existe fuera del mundo normal? Quizá de eso es que están hechos los sueños y al recordarlos y liberar sus bendiciones, sin duda mejoramos el mundo en el que vivimos con un pequeño paso a la vez.

Despierta al gigante dormido que hay en ti

Dr. Napoleón Hill

Porque eres una mente con un cuerpo.

Y tu mente se compone de dos poderes gigantescos invisibles: el consciente y el subconsciente. Uno es un gigante que nunca duerme. Se llama la mente subconsciente. El otro es un gigante que cuando duerme no tiene ningún poder. Cuando lo despiertas, su poder potencial es ilimitado. Este gigante es conocido como la mente consciente. Cuando los dos trabajan en armonía, afectan, utilizan, controlan o armonizan con todos los poderes, conocidos y desconocidos.

— "¿Qué has de escoger? Estoy dispuesto a obedecerte como tu esclavo. Yo y los otros esclavos de la lámpara", dijo el genio.

¡Despierta el gigante dormido que hay en ti! Es más poderoso que todos los genios de la lámpara de Aladino. Los genios son ficticios. ¡Tu gigante dormido es real!

¿Qué has de escoger? ¿Amor? ¿Buena salud? ¿Éxito? ¿Amigos? ¿Dinero? ¿Una casa? ¿Un auto? ¿Reconocimiento? ¿Paz mental? ¿Valentía? ¿Felicidad? ¿O harías de tu mundo un mejor lugar para vivir? El gigante dormido que hay en ti tiene el poder de hacer realidad tus deseos.

¿Qué has de escoger? Dilo y es tuyo. ¡Despierta el gigante dormido que hay en ti! ¿Cómo?

CLAVE 47

Piensa. Piensa con una actitud mental positiva.

Success Through a Positive Mental Attitude. Prentice-Hall, 1960, pp.234-235.

CLAVE 48

"¿Por qué son poderosas las historias? Porque por medio de ellas solemos encontrar la verdad más profunda. Uno de los elementos que faltan en la sociedad actual es que hemos perdido de vista el valor de una historia. En las culturas más antiguas, la sabiduría y la comprensión de la condición humana se exploraban y se transmitían por ese medio".

—Karen Larsen

Cuando estamos tan cerca de las festividades de fin de año, es natural evocar eventos de celebraciones pasadas que siempre recordaremos. Al rememorar el pasado, por lo general no son los regalos más costosos ni la decoración de la temporada lo que más recordamos, sino el cariño y el aprecio de nuestros amigos y familiares adornando nuestras celebraciones. Eso sí es lo que más recordamos. Piensa por un momento en tus mejores recuerdos personales. ¿Te hacen sonreír incluso ahora? ¿Hacen sentir cariño en tu corazón en el resplandor del momento? ¿Vale la pena compartirlos? ¿Por qué no empezar a escribir estos recuerdos como un regalo para las generaciones futuras que no han nacido aún? Si no lo haces, cuando mueras estos valiosos recuerdos se perderán para siempre.

Me gusta creer que los recuerdos que atesoramos sirven más que solo para darnos pensamientos felices sin ningún otro propósito. En lugar de esto, la historia de nuestra vida nos recuerda que cada uno de nosotros es único y está aquí con un objetivo. No tenemos reemplazo porque cada uno de nosotros es un original. Nadie más puede cumplir con la tarea que nos ha sido asignada para hacer aquí. Por esto, nuestras experiencias, trasfondo, cultura, recuerdos, y el trabajo que hagamos durante nuestra vida, son significativos. Apuesto a que hay preguntas que quisieras hacerles a tus parientes, amigos y conocidos fallecidos, y que no te diste a la tarea de hacerles cuando vivían. Pero ya no puedes.

A medida que escribas tus cartas y tarjetas para Navidad y Año Nuevo, piensa en estas cosas y escríbelas ahora que hay tiempo para alistarte para las fiestas. A continuación hay unas preguntas para ayudarte a empezar. Contesta las que te traigan recuerdos que atesoras e incluye las respuestas en los saludos de Navidad y Año Nuevo que envíes a tus familiares. Apuesto que la tarjeta de este año no va a terminar en la basura con el papel de regalo, ¡si lo que compartes lo haces sinceramente de corazón!

1. ¿Cuál es mi recuerdo favorito de mi niñez en la época de fin de año?
2. ¿Qué canción o villancico marca el comienzo de la temporada para mí?
3. ¿Qué tradición aprecio y practico cada año?
4. ¿Recuerdo a un padre o un familiar que alegraba mis fiestas de fin de año?

5. En términos emocionales, ¿esta temporada me llena de gratitud?

¡Disfruta el compartir!

El espíritu navideño estadounidense
Dr. Napoleón Hill

A medida que un año termina y otro comienza, y mientras el espíritu navideño sigue en el ambiente, detengámonos por un momento y consideremos algunas de las bendiciones por las que debemos estar agradecidos. Hagamos un inventario personal de nuestras recompensas divinas, y consideremos si este año que termina nos ha ayudado a ser una civilización verdaderamente mejor y más avanzada.

No tengo el derecho, ni deseo juzgar el grado de avance que otros hayan logrado, ni las bendiciones que hayan recibido, pero en mi caso personal tengo mucho por lo cual estar muy agradecido.

En primer lugar, he recibido la abundante bendición de la buena salud y fuerza mental y física.

En segundo lugar, tengo dos hijos pequeños y su querida madre que también han tenido la bendición de la salud y fuerza mental y física. Estos seres queridos son una fuente constante de inspiración para mí en mis esfuerzos por ser un empresario exitoso y un estadounidense leal y patriótico.

En tercer lugar, tengo todo el derecho a trabajar con libertad para mis seres queridos en la vocación de mi elección, en un país que ofrece una gran cantidad de apoyo y protección a quien produce legítimamente para las necesidades humanas.

CLAVE 48

En cuarto lugar, disfruto de la ciudadanía en un país libre de guerras y que cuida del sufrimiento, un país donde el amor por la paz, el respeto por el hogar y la reverencia a Dios son dominantes en la mente de Su pueblo.

En quinto lugar, disfruto el monumento comercial que he ido construyendo con la ayuda de muchas otras personas, y por medio de mis propias largas horas de esfuerzo y determinación incesante.

No voy a llegar al nuevo año sin ver mis sueños de éxito realizados.

En sexto lugar, no tengo nada en contra de nadie en esta Tierra.

Estoy en paz con todos mis semejantes. Estoy en un estado de actitud mental que me deja libre para trabajar de manera eficiente y agresiva durante el nuevo año. Si durante este año que pasó hice buenas obras, espero duplicarlas durante el siguiente. Si durante el año pasado fui útil para cualquier otro ser humano, espero ser el doble de útil durante el nuevo año.

Nota: Esta es una adaptación de un mensaje escrito por Napoleón Hill a principios del año 1915 cuando era Presidente de Betsy Ross Candy Shop System en Chicago, más de dos décadas antes de que publicara su clásico libro de éxito en ventas, *Think and Grow Rich*.

CLAVE 49

"¿Qué te gustaba hacer cuando eras niño? Si piensas con detenimiento, encontrarás cosas que puedes traer de vuelta a la vida: la tranquilidad y diversión que tenías entonces. ¿Sabías que hay algo que tú puedes hacer mejor que la mayoría de personas? ¿Alguna vez has pensado en una empresa, en una forma de querer ayudar a otros, o en ideas para ganar dinero que nunca has puesto en práctica?".

—Greg Etherton

Hacer lo que nos gusta hacer, hace que la vida sea menos tediosa. Recuerda algún evento que deseaste con muchas ansias y disfrutaste el proceso de planificación, tanto como el evento en sí. Al planear algo que nos gusta hacer, las actividades cotidianas cobran una nueva esperanza, junto con la promesa de un futuro mejor. Tal vez este sea el efecto del campo de fuerza que rodea la actitud mental positiva. Al sacar nuestro estado de ánimo del tedio de todos los días, no solo estimulamos nuestro interés en ese momento, sino que también anticipamos nuestro futuro de forma positiva. ¡Y, todos sabemos que atraemos a nosotros aquello en lo que pensamos!

Con frecuencia pienso en el libro de Norman Cousins, *The Anatomy of an Illness*, y cómo él se trató a sí mismo con dosis diarias de humor. Se dice que cuando estamos en sintonía con lo que nos hace reír, ¡nos damos un masaje de adentro hacia afuera! Y en ese proceso, contribuimos a nuestra propia curación. Esta es una aplicación de la actitud mental positiva que en realidad opera para nuestro bienestar físico.

Al ver comedias, presentaciones humorísticas y escuchar los actos divertidos de personajes de la radio antiguos, elevamos nuestro ánimo por medio de la risa. El humor elimina el cansancio, agudiza los sentidos, aligera las cargas y despeja la mente. Con solo reír a carcajadas, le demostramos al mundo que estamos cultivando una actitud mental positiva.

Pareciera que la risa de los adultos es cada vez menos frecuente. La risa se está convirtiendo en un arte perdido. Las personas ya no ríen a carcajadas, sino que más bien se quejan en voz alta. Las risas sinceras, no estridentes, tienen una infección contagiosa. Las personas se contagian de risa y permiten que los controle como si estuvieran contagiados de algo físico. La risa nos despierta al lado más brillante de la existencia y nos recuerda que no todo debe ser aburrido y tedioso cuando llegamos a la mediana edad.

Acepta el reto de cultivar el hábito de reír a diario. Mira algo que te haga reír y acostúmbrate a la sensación. Deja que tu respuesta crezca al alimentarla y darle de beber todos los días. Así como una nueva semilla, está a la espera de brotar con tu cuidado y apoyo. Tal vez el fruto de esta risa sea el regalo más sabroso que te hayas dado en mucho tiempo. ¡Adelante! Ríe. Sonríe. Suelta una carcajada. ¡Una gran carcajada! Te sentirás mejor por ello.

Disfruta de una buena salud y vive por más tiempo

Dr. Napoleón Hill y W. Clement Stone

La actitud mental positiva desempeña un papel importante sobre tu salud, tu energía diaria, así como en el entusiasmo por tu vida y tu trabajo. "Todos los días en todos los sentidos, por la gracia de Dios, estoy mejor más y más", no es una jerga de castillos en el cielo para el hombre que recita esta oración varias veces al día al despertar y otra vez al ir a dormir.

En cierto sentido, él está haciendo que las fuerzas de la actitud mental obren a su favor. Él está usando las fuerzas que atraen lo mejor de la vida. Está usando las fuerzas que los autores de *Success Through a Positive Mental Attitude* quieren usar.

Cómo te ayuda la actitud mental positiva: la actitud mental positiva te ayudará a desarrollar salud mental y física y una vida más larga. Y la actitud mental negativa sin duda minará tu salud física y mental y acortará tu vida. Todo depende del lado del talismán que elijas. La actitud mental positiva utilizada de forma adecuada ha salvado la vida de muchas personas porque alguien cercano a ellas tenía una fuerte actitud mental positiva.

Se ha escrito: "Por tanto, no desmayamos... Porque no miramos las cosas que se ven, sino las que no se ven, porque las cosas que se ven son temporales, pero las que no se ven, son eternas".

Success Through a Positive Mental Attitude. Prentice-Hall, 1960, pp. 189-190.

CLAVE 50

"El simple acto de caminar por el laberinto puede ser un acto simbólico de tu acción persistente hacia tu objetivo principal. En el laberinto cobras consciencia de los impulsos intuitivos que proceden de la inteligencia infinita".

—Uriel Martínez

La persistencia es el secreto para hacer realidad tus visiones. Al permanecer concentrado en lo que inspira y emociona tu vida, atraes los aspectos en verdad maravillosos de tu presencia única en el momento. Solo con "hacer", creas tu propia realidad en lo que quieres lograr. Cuando te concentras en algo que tiene el potencial de satisfacer los deseos de tu corazón, acercas esa realidad a tu mundo actual.

¿Recuerdas los catálogos de Sears y Montgomery Wards que llegaban por correspondencia a tu casa cuando eras niño, justo en la época de compras de Navidad? ¿Recuerdas que repasabas esas páginas y soñabas con ciertos artículos como si ya fueran tuyos?

Ahora, ¿recuerdas cuando tus padres te dijeron que encerraras en un círculo lo que realmente querías que Santa te trajera? Este primer paso es crucial en el proceso de visualización, puesto que "vemos" mentalmente cómo nuestros sueños se hacen realidad. Si nuestros deseos no eran demasiado costosos, era probable que en Nochebuena encontráramos bajo el árbol uno o dos de los artículos que deseábamos. El regalo de nuestros padres estaba en dar, y nuestro regalo era el deseo de nuestro corazón en ese joven y tierno momento. Solo recuerda la película *A Christmas Story* para veas cómo funciona. Ralphie somos todos, y esa es exactamente la razón por la cual la película tiene un atractivo universal. ¡Todavía tengo mi pistola Red Ryder BB!

Conforme fuimos creciendo, conocimos el proceso de recibir y estudiamos, obtuvimos empleos, practicamos el proceso de ahorrar para comprar ese primer auto, un mejor traje o incluso ese viaje de secundaria al extranjero. La persistencia dio sus frutos porque mantuvimos el curso y conservamos el anhelo en nuestra mente hasta que se hizo real frente ante nuestros ojos.

Al permanecer preparados, alerta, y al ser persistentes, podemos hacer realidad muchas metas. Ahora, cuando me siento abrumado con muchas cosas que debo hacer a la vez, simplemente le pregunto a mi "yo superior" ¿qué es lo siguiente que debo hacer para completar esta tarea. Siempre surge una respuesta, y si sigo las instrucciones de mi propio yo superior, puedo lograr mucho más de lo que por mucho tiempo me preocupó en la lista de tareas pendientes. Estos empujones intuitivos me funcionan, y cuando ya he quitado las telarañas en mi mente, surge el mejor plan de ataque, trayéndome los resultados que quiero. No discutas contigo mismo cuando surja un plan. Solo sigue adelante y habrás llegado al verdadero deseo de tu corazón con tiempo de sobra.

Imaginación

Dr. Napoleón Hill

Esta lección de imaginación la podemos llamar el "objetivo" de este curso de lectura, porque todas las lecciones del curso conducen a esta lección y hacen uso del principio sobre el cual se basa, así como todos los cables telefónicos tienen su fuente de poder al conectarse a la oficina de conmutación. Nunca vas a tener un propósito definido en la vida, nunca tendrás confianza en ti mismo, nunca tendrás iniciativa y liderazgo, a menos que crees primero estas cualidades en tu imaginación y te visualices a ti mismo haciendo uso de ellas.

Así como el roble se desarrolla partiendo del germen que está en la bellota, y el ave se desarrolla a partir del germen que yace dormido en el huevo, tus logros materiales también crecerán partiendo de los planes organizados que creas en tu imaginación. Primero viene el pensamiento, luego organizas ese pensamiento en ideas y planes, después transformas esos planes en realidad. El comienzo, como verás, está en tu imaginación.

Por naturaleza, la imaginación es tanto interpretativa como creativa, tiene la capacidad de examinar hechos, conceptos e ideas, y crear nuevas combinaciones y planes.

Por medio de su capacidad de interpretación, la mente tiene un poder que no suele atribuírsele y es la facultad de registrar las vibraciones y las ondas de pensamiento que fuentes externas ponen en marcha, así como el aparato receptor de radio capta las vibraciones del sonido. El principio por medio del cual esta capacidad interpretativa de la imaginación funciona, se llama telepatía, la comunicación del pensamiento de una mente a otra, a distancias largas o cortas, sin la ayuda de los aparatos físicos o mecánicos, así como se explica en la lección introductoria de este curso.

Law of Success. Napoleon Hill Foundation, 1999, Lesson 6, p. 6.

CLAVE 51

"Es fácil quedarse fuera de la lista negra si recuerdas esto: no hay mayor regalo que compartir tu tiempo con otra persona, compartir de todo corazón y sin esperar nada a cambio".

—Santa

En la temporada de fiestas, concentrémonos en crear consciencia de la actitud mental positiva en todos. Los regalos espirituales son gratuitos y fáciles de dar. Una sonrisa, un elogio, un reconocimiento, compañerismo, tiempo dedicado a realizar actividades cotidianas como lavar los platos, cuidar mascotas, asistir a los servicios y cantar un villancico al son de la radio, son actividades para hacer de manera espontánea y que elevan nuestra actitud mental positiva.

Ya sea que visites a Santa en el centro comercial, hales un trineo con niños, des un paseo al aire libre, disfrutes las decoraciones de la temporada, hagas regalos especiales, o cocines el pavo o el jamón tradicional, el espíritu que le aportas a la temporada es lo que crea los recuerdos que nunca se olvidan.

Aunque la depresión es algo de lo que muchos sufren al inicio de cada nuevo año, podemos esforzarnos por aliviarla al sugerir actividades que involucran aspectos espirituales, físicos, sociales y mentales en lugar de los aspectos económicos o emocionales que tienden a revivir los sentimientos de remordimiento por el pasado. Al concentrarnos en cómo elevar el ánimo de los demás, en lugar de darles obsequios con objetos materiales, quizá les estamos dando el mejor regalo de la temporada.

¿Por qué no comprometerte ahora mismo a erradicar de tu entorno las actitudes mentales negativas? Estas son actitudes que se manifiestan con quejas, chismes, comparaciones, acaparando, reteniendo, y al no comunicarnos con los demás. Estas acciones nunca elevarán nuestro ánimo y nos hacen caer en espiral hasta que la nube de la depresión nos envuelve y nos extrae la alegría de la temporada.

No cedas, más bien lanza el contraataque de buena voluntad de la actitud mental positiva. Para solucionar la situación, por cada pensamiento o acción de actitud mental negativa, crea de inmediato un pensamiento o acción de actitud mental positiva. Así como un elixir de buena voluntad, nuestra bebida debería ser la leche de la bondad humana, tal como Scrooge nos hace recordar el espíritu de la Navidad que se acerca en el villancico *A Christmas Carol*. El remedio es simple. La clave es ponerlo en práctica. ¡Levanta tu copa llena de actitud mental positiva y brinda por esta temporada! ¡Bendiciones para ti y los tuyos ahora y en todos los años por venir!

Contentamiento
Dr. Napoleón Hill

El hombre más rico del mundo vive en Villa Alegría. Es rico en valores que perduran, en cosas que no puede perder y que le proporcionan alegría, buena salud, paz mental y armonía al interior de su alma.

El siguiente es un inventario de sus riquezas y cómo las adquirió:

"Encontré la felicidad ayudando a otros a encontrarla".

"Encontré buena salud, viviendo sobriamente y comiendo nada más los alimentos que mi cuerpo necesitaba para mantenerse".

"No odio a nadie, no envidio a nadie, amo y respeto a todo ser humano".

"Estoy comprometido en una labor de amor que mezclo con diversión y generosidad, por esto, rara vez me canso".

"Todos los días oro, no pidiendo más riquezas sino más sabiduría para reconocer, abrazar y disfrutar de la gran abundancia de riquezas que ya poseo".

"No nombro a nadie a menos que sea para elogiarlo, y no calumnio a nadie por ninguna razón".

"No le pido favores a nadie, pero sí pido el privilegio de compartir mis bendiciones con todos los que las desean".

"Tengo mi consciencia tranquila, por esto, ella me guía con precisión en todo lo que hago".

"Tengo más riquezas materiales de las que necesito porque no tengo codicia y apenas deseo aquellas cosas que voy a usar de manera constructiva mientras viva. Mis riquezas proceden de aquellos a quienes he beneficiado al compartir mis bendiciones".

"El Estado de Villa Alegría, que es de mi propiedad, no cobra impuestos". Existe principalmente en mi propia mente, en riquezas intangibles que no se evalúan mediante impuestos, y nadie las posee excepto aquellas personas que adoptan mi camino de vida. Creé esta propiedad con toda una vida de esfuerzos observando las leyes de la naturaleza y creando hábitos para conformarme a ellas".

Success Through a Positive Mental Attitude. Prentice-Hall, 1960, pp. 211-212.

CLAVE 52

"Mientras escribo esto, me encuentro sentado en la oficina de mi casa rodeado de libros y fotos que me hacen pensar en lo que sienten y piensan tú y los demás. Estaba pensando y sintiéndome un tanto negativo. El aumento del dolor, los malestares y la fatiga, interrumpieron brevemente mi pensamiento positivo. Luego miré las paredes que me rodean y muy pronto mi actitud cambió en un instante".

—Tom Cunningham

¿Tienes en casa algún lugar especial al que vas tan solo para "estar ahí"? ¿Alguna habitación específica, o un pequeño espacio en un rincón que tengas con objetos, fotos, una pequeña colección y todas aquellas cosas "queridas" que te traen paz y una sensación de que "todo está bien en el mundo" cuando descansas al observarlas? Cuando recorro y miro mi casa, encuentro muchas cosas que me hacen recordar a las personas que ellas representan. También tengo animales que me encantan. Lo que poseo es una proyección de mí mismo y de mis intereses. En cada habitación de mi casa hay libros de muchos géneros, muchos CD, imágenes que me recuerdan lugares donde he estado, y fotos de familiares y amigos. Todo esto combinado expresa los buenos momentos que he disfrutado, y cuando le doy un vistazo, tiene la facultad de animar mi espíritu.

El área que más me interesa es la escritura, así que mis diarios también contienen mis memorias. Cuando escribo algo, lo recuerdo por más tiempo. Se queda conmigo y anuncia su importancia en mi rutina cotidiana. Un cumpleaños, un punto en la lista de tareas pendientes, una receta, una idea gestándose en mi cabeza, todo cobra mayor relevancia cuando lo escribo. En todas partes del mundo he visto que hay sitios para escribir peticiones. Ya sea que se trate de una solicitud, una oración, una acción de gracias, o una simple observación, al escribirlo y dejarlo a plena vista para que cualquier otra persona lo lea, el Universo se da por enterado.

Napoleón Hill dice que es importante tener sesiones para proponer nuestras ideas y escribirlas. Dejar que floten en lo "etéreo" no las trae a nuestro nivel de existencia. Antes de que algo ocurra, siempre comienza siendo un pensamiento. Luego capturamos ese pensamiento con nuestra "red de pensamientos", y por último lo traemos a nuestro aquí y ahora. Es ahí cuando comienza a estar a la altura de su potencial. Una vez capturados o rescatados de la imaginación, los pensamientos nacen y cobran vida real.

¿Qué pensamientos hay en ti que están esperando nacer? Tal vez te aguardan en tu sitio especial de meditación. No importa si lo llamas oficina, rincón de meditación, o palacio de pensamiento. El objetivo es localizar tus deseos, darles claridad y hacerlos realidad al darte tú como un regalo al mundo.

Me pregunto qué regalos están a la espera de que los abras.

Pequeñas circunstancias
Dr. Napoleón Hill

El éxito en la vida se compone de muchas pequeñas circunstancias que la mayoría de personas nunca reconoce como valiosas en sí mismas. El fracaso también está compuesto por circunstancias pequeñas que quienes fracasan, las pasan por alto. En una ocasión, un gran empresario dijo: "La fricción en la maquinaria es costosa, pero la fricción en las relaciones de los operadores de la maquinaria, es fatal, tanto para ellos como para sus compañeros de trabajo".

Trabajar en equipo con un espíritu de amabilidad cuesta muy poco en tiempo y esfuerzo, y paga enormes dividendos no solo en dinero, sino en las cosas buenas de la vida. Me pregunto por qué tantas personas dejan su camino para hacerse la vida imposible ellas mismas y a otras, solo por no reconocer esta verdad. Una palabra amable acá, un acto bondadoso allí, una sonrisa agradable en todas partes, y este mundo sería un mejor lugar para toda la Humanidad.

Este es el espíritu que ilumina el camino hacia Villa Alegría para todos los que lo adoptan. Y es el espíritu que conduce a lograr las doce riquezas de la vida: una actitud mental positiva, buena salud física, armonía en las relaciones humanas, libertad del miedo, esperanza de progreso, capacidad para tener fe, voluntad de compartir las propias bendiciones, una obra de amor, una mente abierta a todos los temas, autodisciplina, la capacidad de entender a los demás, y por último pero no menos importante, la seguridad económica. Qué gran variedad de riquezas, y cada una de ellas está vinculada con esa pequeña frase: ¡Trabajo en equipo!

PMA Science of Success Course, Educational Edition. Napoleon Hill Foundation, 1961, pp. 361-362.

"La mente del hombre logra todo aquello que concibe y cree".

NOTAS

www.ingramcontent.com/pod-product-compliance
Lightning Source LLC
Chambersburg PA
CBHW030518080526
44586CB00011B/236